# 裁判員の あたまの中

## 14人のはじめて物語

Taguchi Masayoshi
田口真義

現代人文社

# はじめに

　2009年に始まった裁判員裁判は、補充裁判員も含めて年間1万人以上の裁判員経験者を生み出し続けている。候補者登録通知の受理者に至っては、その約30倍の人数だ。いずれ日本中の有権者が何かしらの形で関わることになる。それは決して他人事ではないということを示唆しているにもかかわらず、裁判員裁判の実相はあまり知られていない。

　世間一般では、裁判員経験者というとすぐに「守秘義務」の問題に置き換えられてしまう。確かに、裁判員経験者の誰もが躊躇する問題ではある。守秘義務規定の存在が裁判員経験を「語る」ことすらはばかられる遠因となっていることは否定できない。一方で、少し冷静に考えてみると、守秘義務は何も裁判員に限ったことではなく、裁判官にも検察官・弁護士にもあり、一般社会で働くほとんどの人が職務上抱えながら生活しているものである。私はこのことに気づいたとき、「これは自分の倫理観が問われているのだ」と直感した。つまり、裁判当事者や関係者の人権を侵害したり、評議の核心（意見の多数など）に言及したりすることは人として（法律上も）許されない。だが、それ以外の部分で話せることは意外と多いのではないかと考えた。規制の範囲が曖昧であるがゆえに、話せる範囲も緩やかに存在する。そして、むしろそういった部分こそ社会にとって広く有益であり、伝えるべきことではないだろうかと。そう論じると専門家の方々にお叱りを受けることがある。

　しかし、守秘義務規定が曖昧というだけで、裁判員経験者がその体験の一切を胸に封じて沈黙してしまうことは社会にとって損失だと考える。言ってはいけない部分を除いたとしても、これから裁判員をやるかもしれない多くの人たちにとっては我が事として実感できる貴重な話であり、裁判員制度あるいは司法全般を運用する法曹界にとっても有益となるはずである。それは刑事司法の現場にとって、いや日本の社会にとって、広く共有すべき智の財産ではないだろうか。私は、司法の現状と未来を「語る」ことは、裁判員経験者だけが担える役割だと確信する。だからこそ、今こうして守秘義務をめぐる壁を乗り越えて、皆様の手中に、この本が納まっていることを素直に喜びたい。

◆◆◆◆◆◆◆◆◆◆◆◆◆◆◆

はじめに

　本書は、裁判員経験者たちにインタビューをしてまとめたうえで、法律家や研究者のコメントをいただいた。

　インタビューをまとめるにあたっては、あくまで裁判員経験者である彼・彼女らの「語り」をできるだけ生かした。何かを証明するための研究や検証を目的とはしていないため、再現された彼・彼女らの言葉は、法理論や法手続についての解釈の誤りや、当時起きたことについての記憶違いもあるかもしれない。しかし、私は深慮しながらもそれでよいと考え、できるかぎり彼・彼女らに寄り添って編纂したつもりである。まずは彼・彼女らが臆することなく自分の言葉で表現する場を作ることに専念した。

　そうでもしなければ、このままでは、裁判員制度はいつまで経ってもやった人にしか分からない異世界の出来事のままになってしまう。裁判員制度の導入時には、日本の刑事司法がこれで変わると期待されたものだが、語られる機会がないために司法手続の様々な問題点が、「事なかれ」と言わんばかりに平然とやり過ごされていくことになる。形骸化してしまうことが一番よくないことだと思う。

　今回、インタビューに応じてくれた13名の裁判員経験者は、全体の総数からするとほんの一握りに過ぎない。それでも、これまで公表されてきたものとは違う、決して触れることができない裁判員の心の機微を記録することができたと自負している。彼・彼女らは快活に話される方、煩悶しながらも言葉を絞り出す方と、多様な市井の人々であることがわかる。一般市民として一人ひとりに人生があり物語があるからこそ、その経験に膨らみが出るし、裁判員を務めたことの意義もある。それが裁判員制度の本質の一片だと私は考える。

　本書を通じて一人ひとりの物語が、決して異世界などではなく地続きの同じ世界であることが確認してもらえれば幸いだ。

2013年9月
田口真義

CONTENTS

はじめに　田口真義 ———————— 002

目次 ———————— 004

## 裁 判 員 は 語 る

## 傍観者にはなりたくない
　　小田篤俊（おだ・あつとし）さん ———————— 007

## 人生、全部変化！
　　江口弘子（えぐち・ひろこ）さん ———————— 021

## 先例なき裁判
　　Ａさん ———————— 033

## 司法が近づいてきた
　　鎌田祐司（かまた・ゆうじ）さん ———————— 047

## いつかは関わる
　　市川裕樹（いちかわ・ゆうき）さん ———————— 061

## とことん考え尽くした結果
　　Ｂさん ———————— 075

## 私たちがいる意味
Cさん ———— 087

## フェイスタオルの大学生
米澤敏靖（よねざわ・としやす）さん ———— 101

## 予定どおりの3日間
古平衣美（こだいら・えみ）さん ———— 115

## 一人ひとり違うから
松尾悦子（まつお・えつこ）さん ———— 129

## バリアフリーの裁判所
山崎 剛（やまざき・たけし）さん ———— 143

## 裁判員だけの本音トーク
Dさん ———— 155

裁判員「同期」対談

## 同じ釜の飯を食った仲
金井達昌（かない・たつよし）さん×田口真義（たぐち・まさよし）———— 169

## 専門家に聴く

杉田宗久（すぎた・むねひさ）さん ──────── *178*
宮村啓太（みやむら・けいた）さん ──────── *186*
ダニエル・H・フットさん ──────── *192*
飯　考行（いい・たかゆき）さん ──────── *199*


あとがきにかえて　田口真義 ──────── *206*

# 傍観者にはなりたくない

小田篤俊さん

裁判員は語る

公判期日
2010年7月27日〜7月30日／東京地方裁判所

起訴罪名
強盗致傷罪

## 経験して伝えたかった

　お金を払ってでもやってみたい。そう思っていました。

　突飛なことを言う小田さんは、現在、関東の流通業界で生鮮魚介類を中心に扱っている仲卸人として、

机に座ることなく全国を駆け回っている。彼は変わった経歴の持ち主である。裁判員候補者登録通知（以下、登録通知）が自宅に届く数か月前、教育実習生として定時制高校の教室にいた。実習期間の3週間のほか、ボランティアとして授業を約1年間手伝っていたのである。私は彼とはよく行動を共にするのだが、携帯電話が鳴ると「アサリを200ですね。分かりました、すぐ送ります」と受注や買い付けのやりとりをしている。そのトレーダーのような姿からはやや想像しがたい、彼のもう一つの姿である。教育実習では、まさに裁判員制度について授業を行ったことがあった。

　教える立場として、生徒一人ひとりが市民として、投票行動などと同列の意識で制度を捉えられるように話をしました。しかし、そのときは教える側

として私自身が制度についてよく分かってなく、教科書にも具体的なことは書いていなかったので、懸命に勉強しました。自分が経験して、生徒に伝えられたらいいなと思っていました。

　ちょうどその頃は裁判員裁判が始まった頃で、ニュースなどでも頻繁に取り上げられ、生徒たちは比較的反応がよかった。定時制高校でしたので、すでに投票権を持つ生徒などもいて、投票に行ったことのある生徒と行ったことのない生徒が話し合うという点で活性化したし、そこが普通の高校と違うところでしょうか。

そんな小田さんに登録通知が届いたのは、2009年の冬、12月のことだった。体験的なことを生徒に伝えたかった彼にとって、登録通知は願ってもない「渡りに舟」であったはずだ。ところが、待望の「舟」が迎えにきたのは翌年の夏。すでに教育現場からは離れ、現在の仕事を始めていた。

## 裁判員やるので休みます

　事件の概要は暴力団組織の関係者が起こしたという強盗致傷事件である。
　呼出状の期日は2010年7月27日から30日の4日間。まず、選任手続に行く準備として、裁判員に選ばれた場合の時間を確保しなければならない。

　　私の場合、タイムカードはないですけど、サラリーマン的雇用です。なので、4日間は裁判員として会社を休みます、と言いました。

それに対し、雇用主は「仕事に穴が開かないんだったらどうぞ」と一見乱暴なようで寛大な返事である。

　　自分が抱える顧客全員に「裁判員をやるので、その間ご迷惑をおかけします」と伝えて回りました。工夫というわけではないのですが、（公判の）休憩時間はけっこう仕事の電話ばかりしていました。向こうも意識してくれて、用件はメールで伝えてきたり、電話は午後5時以降や朝に済ませたりしてなんとか乗り切りました。

確かに、私も自営業だが公判期間中の行動パターンは、裁判か仕事か寝るかのどれかであった。裁判所から帰宅したあとに仕事をして、行く前に仕事

をして、休憩時間も仕事の電話をしていた。日本人の勤勉性だろう。それにしても、小田さんの雇用主といい取引相手といい、とても理解のある方々だ。小田さんが普段からどのような姿勢で仕事に臨んでいるのかが窺える。絶大な信頼の証なのだろう。

## 根拠はない──選任手続

　裁判員裁判に高い関心があったとは言え、小田さんにとってテレビの世界でしかなかった裁判所である。

>　東京地裁でしたが、セキュリティのことも分からなくて、こんなにガッチリしているんだ、と驚きました。
>　（選任手続）当日は、朝8時過ぎに裁判所に行ったら、ものすごい数のマスコミが来ていて、ちょうど秋葉原連続殺傷事件の被告人質問の日だったようで、自分が担当する事件はおろか、秋葉原の事件が（裁判員裁判）対象事件かどうかも分からなかったので、まさかこれじゃないよな、と思ったのを覚えています。

　80番台まで番号が振られた机が並ぶ候補者控室には、60人弱の裁判員候補者が入室した。
　「えっ、さらにここから選ぶの？」と思う一方で、「意外と来ていない人が多いんだな」とも思ったと言う。
　その後、事件のことや、その他の説明を裁判長から受けたと記憶している。

>　（事件の概要などを）もっと早く言ってくれたらいいのにな、と思いました。
>　この事件に関わっている方は拒否する理由になる、という説明があって、なるほどな、と思いました。

　そして、さもなく選任され、宣誓手続の際に一番気がかりだったのは、「みんなの声が揃うのかな」ということだった。宣誓のときの記憶は私もうっすらとだがある。結論から言うと揃わない、と思う。いくら協調性の高い日本人だからといって、初めて見る宣誓文を「さん、はい！」などと、かけ声を誰もかけてくれない中でぴったりと呼吸が合うわけがない。だが、読み終わる頃にはなんとなく合って（合わせて）いるから不思議だ。

ところで、職場や周囲に万全の手配をし、ある意味「背水の陣」で臨んだ選任手続だったが、選ばれないという想定はなかったのだろうか。

> やる気満々で会社もばっちり休んで準備万端でしたが、もしも選ばれなかったら、(それはそれで)説明しなければいけないな、という不安は確かにありました。でも、自分が選ばれる気がしていたので。根拠はないですよ。そんな気がなんとなくしていたので。

根拠のない自信、それでも約60人の中から引き当てた運は、冒頭にもあるとおり、この日より約1年前の教壇から始まった運命なのかもしれない。
　では、教壇から法壇に舞台を変えた小田さんの視界はどう変わったのだろうか。

## 自分だけが溺れている──公判

> あの光景は今でも忘れられないです。

下見もなく、第1回公判で初めての法廷に足を踏み入れた。

> 私は、6番目、最後に入りましたが、ちょうど夏休みになったばかりでして、学生さんなど傍聴席が満席でした。テレビドラマで見るのとは逆の方向から法廷を見ているな、高いところから見ているな、というのが最初の印象です。厳粛な雰囲気に緊張感が高まりました。

法教育の一環か、社会科見学か、最近の裁判所は夏や冬の長期休暇期間になると高校生や学生が目立つようになる。開かれた裁判所という意味では大変好ましいのだが、この期間の傍聴券抽選は競争率がぐっと上がる。

> (教育実習で)授業をやっていたときの感触もあって、見られている感じはしなかったですし、傍聴席の人がどういう人か、マスコミかな、学生かな、というのはよく分かりました。

初めての法廷に感じ入りながらも冷静に見渡すあたり余裕を感じる。やると覚悟を決めて臨んでいる分、「まさか、自分がなるなんて」という人に比べ

て、その瞬間をより味わえるのかもしれない。
　被告人の印象はどうだったのだろうか。

　　　今思えばよくないことなんですけど、被告人を初めて見たときに、あぁ悪そうな顔をしているな、と思いました。強盗致傷で被害額が4千何百万円と聞いていたので、やっぱり人はそういう情報で左右されてしまうものなのかな、と。

　人は見た目ではない、とはあくまで建前なのだろうか。彼は裁判員として法壇に上がる際の服装についてこう語る。

　　　初日はネクタイを着けました。自分が被告人や傍聴席の側だったとして、人はなんだかんだ言って第一印象なので、揚げ足とられないように意識していました。でも、世の中クールビズでして、2日目からは外しました（笑）。
　　　裁判所のほうからは特に注意はなかったのですが、服装は皆さんそれぞれ気にしていました。サラリーマンの方はネクタイをして上着、女性も正装的な格好です。高齢者の方はどちらかと言うと普段着的な感じだったかな。女性は何を着たらよいのか分からない、と言っていました。男性はネクタイを替えればいいけれど、確かに女性は困りますよね。

　そこで、小田さんから面白いアイデアが出た。

　　　（服装など）そういうところに無駄な気遣いをしているくらいならば、裁判官が着用している法衣を裁判員にも着させてくれたら、後腐れもなくよいのではないか、と思います。

　何色にも染まらない黒の法衣に裁判員も袖を通せば、服装に困ることはなくなるかもしれない。他方で、裁判官と同じ色の法衣を着ることによって、市民である裁判員の存在意義が薄れないように気をつけないといけない気がする。
　さて、その裁判官を含む法曹三者はどう映っただろうか。

　　　それぞれのカラーが象徴的な方たちでした。裁判官は眼鏡をかけてカチッ

とした雰囲気。優秀な経歴ゆえに一般的な感覚とはズレているんじゃないか、というイメージがありました。実際は、予想の3割は当たっていましたが、意外と普通の人間だな、という部分もありました。

多彩な経験から得た彼の眼識が冷静な分析を加えているのだろう。そんな裁判官の好感度アップの戦略は、法曹会館への「ランチ・ツアー」であった。苦笑しながらこう分析する。

歩いて法曹会館に行くわけですが、道中、裁判長からずっと質問攻めで、今思えば気を遣っていたんでしょうね。食事の席では高校野球の話に花が咲いて、全員で延々と話していたのを覚えています。裁判員との距離を掴むための、裁判長なりのテクニックなんでしょうね。
弁護人は一人でした。人権派で、戦うぞ、という感じで。実際に話すときも熱意のこもった話し方でした。
検察官は理屈っぽいイメージをもっていたのですが、それはイメージ通りでした。

拮抗した評価である。
では、裁判員にとって、誰もが頭を抱える最初の難関、冒頭陳述はどうだろう。

検察官からはA3判のカラー図解のような紙が出てきて、それを見ながら話を聞きました。言われていることは分かりました。
弁護人からはA4判の厚い卒論みたいなものをもらって、それを延々と読み上げていたと記憶しています。眠くなってしまうような……。傍聴席で寝ている人もいました。
そもそも事件が複雑で、話を聞いていると、どうしてこうなってしまうのだろう、と。途中で何が何だか分からなくなってしまって、もしかして俺寝てたのかな、と不安になってしまいました（笑）。冒頭陳述の最後のほうでは変な汗が背中をつたって、自分だけが溺れているような気がしていました。
法廷を出たあとのエレベーターで、誰かが「分かりづらかった」と発言したのをきっかけに、みんなが分からないんだ、という「分からない一体感」で包まれました。すると、裁判長から「分かりづらい事件です」と話があって、自

分だけじゃなかったんだ、とみんな安心しました。他の裁判員も自分と同じような感覚だったと、俺だけじゃないんだ、と。

　テクニック論のようになってしまいますが、検察官は図解されたもの、これは分かりやすかった。それに対して、弁護人はアナログ的な手法だったんですね。その後、弁護人は巻き返すことにはなるのですが、裁判員の印象としてはそこだけ（冒頭陳述）はマイナスだったんじゃないかな。中にはその印象を最後まで引きずる人もいますし……。

他方で、事件の内容が難しいので、これ以上分かりやすく説明することは可能なのか、とも考えたと言う。

## ジャニーズじゃあるまいし―補充質問

そんな難解な事件の把握に努めるべく、小田さんは「何回も」被告人質問に手を挙げた。

　事件そのものは認めているので、争点は主犯かどうか、共犯者との上下関係がポイントでした。検察官は、被告人が主犯で実行犯に対して指示をしていたという主張でしたが、私は、最初の段階から「違うな」と思っていました。
　被告人は共犯者よりひと回りも年上なのに、お互いに「君づけ」で呼び合っていたことに違和感を覚えました。おかしいなと。そこで、被告人に、「お互いになんと呼び合っていましたか？」と質問をしたら、「お互い君づけでした」と答えました。

小田さんは、このやりとりで違和感が解消したと言うが、私は最初その意図が分からなかった。

　個人的には大事なポイントで、被告人は、自分より若い共犯者に弱みかなんか握られていたんじゃないか、と。主従の役割は逆なんじゃないか、と。被告人はそれまで声が小さくて聞き取りづらかったのですが、このやりとりを境に顔つきが変わって、マイクがなくても聞こえるくらい声が大きくなったんです。
　被告人質問に臨む前に、「お互いに君づけで呼ぶなんて、ジャニーズじゃあるまいし」とみんなの前で話したら、他の裁判員は皆共感してくれたのです

裁判員は語る

が、裁判官だけが無反応でした。

## トマトが嫌い──評議〜判決

それでは、評議の様子を垣間見てみよう。

　　評議室は話しやすい雰囲気でした。堅苦しくもなく。居心地は悪くなかったです。皆さん前向きに発言されていました。超前向きな方もいて……あ、私じゃないですよ（笑）。意見の対立があっても、相反する人同士で溝が埋まっていくような方向で議論が進んでいきました。

この事件は共犯事件なので、被告人が主犯かどうかを見極めた上で、量刑の部分が議論の中心となったと言う。

　　認めている事件だからこそ、事実の精査確認が必要だったんです。証拠書類も机の上に置かれてあったし、証言などを振り返ってみんなでメモをひっくり返したこともあります。

共犯者は懲役12年で確定している。検察官の求刑は13年。被告人は主犯であるという主張からつじつまは合う。主犯でなければ12年よりも軽くなるが、難しい判断だ。量刑データベースは材料になったのだろうか。

　　記憶にないんですよね。そういうものを見て判断した記憶がないし、求める人もいなかったと思います。それよりも、弁護人が最終弁論で被告人の前科について触れていたんです。公務執行妨害や人の喧嘩の仲裁に入って傷害事件を起こしていたとか。今思えば正義感が強いということを示したかったのではないか、と思います。家庭環境が不遇だったことなど、とにかく人となりを一生懸命に話していました。裁判長に止められることもなく、とにかく隅々までいろんな話をしていました。
　　情状証人は内縁の妻と被告人のお父さんが出てきました。お父さんが印象深くて、確か中国残留孤児だったと思いますが、宣誓書が読めなかったんです。ひらがなで書いてあるのに覚束なくて、（日本語を）話せるけど読めない。

小田さんの教育者としての視点だろうか、識字の問題は生活水準にも直結

する。息子のために声を振り絞る父親の姿が目に浮かぶ。この情状を酌んだ量刑判断だろうか、判決は8年6月となった。

　　　（公判）初日は、被告人と共犯者がどこでどうやって出会ったのか、が分からなかったんです。裁判官から「明日になれば分かります」と言われて、おかしいな、と思いました。今思えば、公判前整理手続で知っていたんですね。率直に、情報が平等じゃないと思います。

非常に重要な指摘だ。さらに小田さんは、被告人と共犯者の関係についても疑問を抱いた。

　　　検察官は、被告人が暴力団の構成員であるというような証拠を出すのですが、その解釈が間違っていると思ったんです。例えば、（被告人が所持していた）手帳には確かに暴力団構成員の名前が書いてあるのですが、建築現場の仕事を請け負うのが被告人の生業でしたから、建築関連を表看板にしているところから受注すればメモをとるのは不自然なことではないですし、逆に周囲に見られて困るような人の名前だったらわざわざ書くか？　という疑問を持ったんです。
　　　それから共犯者と謀議したという居酒屋でのレシートも、トマトのベーコン巻が何本か記載されていました。これは弁護人とのやりとりで、被告人はトマトが嫌い、ということを知ったので、注文の主導権は被告人ではなく共犯者にあると感じました。検察官が提出した証拠はことごとく裏目に出ていましたね。

決して小田さんがひねくれているわけではない。これが、バイアスやステレオタイプに縛られることなく、刑事裁判の原則に極めて忠実な一般市民の視点である。立証責任は検察官にある、を体現したような考察だ。
　では、懲役8年6月という判決は被告人にどう届いたのだろうか。

　　　判決言渡しのとき、被告人は泣いていました。目で話すというのもおかしいですが、「裁判員裁判でよかった」と思ってくれていると願いたいです。退廷時に振り返ったら、ずっとこっちを見ていました。社会に復帰したら応援したいな、と思いました。

でも、その後に控訴、上告、そして再審請求までしていることを知って、あそこ（法廷）で見た彼と再審請求している彼と……複雑ですね。すごく本人に聞いてみたい。
　今の正直な気持ちは（判決が）あれでよかったのかな、と思います。（評議の）途中、自分とは違う意見の方が、なぜそうなのかをすごく熱く語られていて、その方の言っていることがそのとおりだったな、と今は思っています。
　被告人と話をしたいという気持ちがありながら、なぜ（判決では）8年6月なのかと聞かれると説明できないんですよね……例えば、8年や7年でなかった理由が今も見つからない。

嘆息交じりに逡巡し続ける彼は、こんなことも言った。

　なんとなくのイメージですけど、裁判官の出してきた意見はおそらく量刑相場的なんでしょうね。でも、量刑相場で決まるのなら、あんなに時間をかけてやることないんじゃないか、と思います。市民が入って、一生懸命に議論することに裁判員裁判の意味があると思いますので。裁判員はそれぞれの意見を、理由とともに熱く語っていましたから。

　裁判員や裁判官が納得することも大事である一方で、当事者である被告人が納得できる裁判であることが本来であろう。小田さんの逡巡は、あるべき裁判の未来に向かっているものと信じたい。

## 今のままで何を伝えられる？──裁判後
　裁判員という短くも濃い体験を経て、小田さんのものの見方にはどのような変化が訪れたのだろう。

　自分が（裁判員を）やってみて分かったことは、何も分かっていなかったということです。学校の授業で教えられるとか以前に、今のままで何を伝えられるんだ、そういうことを痛感しました。
　今も一生懸命勉強していますし、マスメディアの視点みたいなものも考えるようになりました。報道されるのは発生事件全体の1%かそんなレベルじゃないかと思うんですね。わたしが担当した事件は報道されていません。でも、中身がすごく深かった。だから、事件のその奥に何があるんだろう、という

視点が生まれたと思います。

まさに奥の深い視野を得たようだ。さらに一歩突き進んで、犯罪の背景に思考は向かう。

被告人(被疑者)側の情報に接することがそもそもない。事件が起きても報じられるのは逆側の視点ばかりで、被告人の話をこんなにじっくりと聞けることが新鮮でしたし、罪を犯した人がどうしてそこに至ったのか、という背景も分かりました。(犯罪者が)何回も刑務所を出入りしてしまうこと、そこには社会の問題もあると思います。

さらに話題は死刑の問題に及んだ。

裁判について勉強していると、本当に死刑(事案)じゃなくてよかったな、と思います。死刑について、自分が何も分かっていないということがよく分かったし、ちょうど裁判員を務めた直後に刑場のマスコミ公開があって、より深く考えるようになりました。
裁判員をやる前は死刑について肯定的だったのが、今は条件付きで反対になりました。なぜかと言うと、どこでどうやって(執行されて)いるのか、ということがいまだに不明瞭な状態で判断してもいいのか、というのがありますよね。死刑に関わる裁判じゃなくて、本当によかったなと思っています。

繰り返される「本当によかった」は、本心からの言葉だろう。おざなりな情報で判断することの恐さを知った人間の言葉である。一方で、死刑が求刑され、死刑判決がなされた裁判の裁判員経験者もいる。私たちはこれらのことに正面から向き合わなければならない時代を迎えているのではないだろうか。

## 脇が甘い!

当初のイメージどおりだったという法曹三者への見方は経験を通じてどう変わったのだろうか。

検察官が大変なのは、証拠がすべてということですよね。裁判に参加してみて、証拠が大切というのがよく分かりました。よく、交差点などで『目撃者

を探しています』という看板がありますけど、場所によっては誰も見ていないわけないのに、ということがあります。見ても何も言わない人がいる。そういう社会ってどうなのか、と思います。もっとそういうのがなくなっていけば、証拠が集まるし、ない証拠を作るようなこともなくなるんじゃないかな。
　弁護士に対しては、最初はイメージがよくなかったのですが、最終的にはこの人になら自分の弁護を頼んでもいいな、と思える人でした。
　裁判官は、3人ともまた会いたいな、と思える魅力的な人たちでした。3人のチームワークがとてもよく、民間企業で言うと売り上げを伸ばしそうな感じでした(笑)。

さらに、小田さんは裁判員となる私たち市民側にも厳しい目を向ける。

　市民一人ひとりが、社会の一員だという自覚が足りないなと思います。お任せ民主主義的な。自分はそういうつもりはなかったけれども、やはり人任せだったんだな、とよく分かりました。裁判は、そもそも分かりにくいもの。「分かるようにやれよ」ということこそがお任せ民主主義ですよね。やってみて率直に、裁判員は丁重にもてなされる。お客様扱いされているようじゃダメだな、ずいぶん市民ってなめられているんだなって思いました。

本質的なところを指摘された。「傍観者にはなりたくない」と自らを戒めるように居住いを正す小田さんは、眼光鋭く、司法制度そのものにも注文をつけた。

　裁判は法律に基づいてするものでしょう。公判前整理手続や、死刑に関する情報など、大事なところが甘いんですよ。脇が甘いです！
　それでも、市民の目が入ったことは歓迎します。いろいろと問題はあるけど、そこはみんなで議論していけばいいと思うし、市民の目を(法曹界が)気にして、緊張感が生まれているような気がします。裁判員経験者の数はこれからも増えていきます。やったことを人に伝えることは大切だと思いますが、自分が姿勢を正すことも大切だと思っています。そういう人間が増えていくことで、参加した市民側にも緊張感が生まれ、社会の利益になるのかな、と思っています。

「お金を払ってでも」やってみたかった裁判員経験は、お金では手に入らない視野を小田さんにもたらしたようだ。

> 　**(裁判員を)やってよく分かったのは、いつ自分が反対側(被告人側)になるかも分からないということ。**交通事故の裁判などを見ていると、(自分が)どっちにも転び得る、法廷を見ておくことは、自分の身を守ることになるのではないでしょうか。

　つくづく裁判員制度が生まれたことによる波及効果を思い知る。法曹界もそうかもしれないが、私たち一般市民も手探りで裁判員時代を歩んでいるのだ。

（インタビュー日：2013年5月26日）

# 人生、全部変化！

**江口弘子さん**

公判期日
2010年10月14日〜10月28日／東京地方裁判所

起訴罪名
強姦致傷罪・強制わいせつ致傷罪

裁判員は語る

## キンモクセイの季節に

　中東やヨーロッパを中心に非常勤の旅行添乗員として飛び回る江口さんは、思春期を迎えた2人の娘の母であり、単発的に異国への道先案内人を生業とする主婦である。そんな彼女にある日突然やってきた通知。それは、あたかもまだ見ぬ世界へのパスポートだった。

　毎年、秋口にほころぶキンモクセイの芳醇な香りは、彼女を「そのとき」にタイムスリップさせてしまう。2010年10月の土日をはさんだ約2週間、江口さんは、霞が関の官公庁舎

街に並ぶ裁判所に足を運んだ。当時、裁判員裁判の審理期間は平均して3〜4日と喧伝されていた中では長めの裁判だ。

　担当した事件は、ペルー人の被告人による、複数の女性に対する強姦致傷や強制わいせつ事件。被告人は、日本に10年近く住み、自ら飲食店も経営していた。被告人は日本語も達者なようだったが、公判ではスペイン語による通訳が2人ついた。

> 公判では逐語の通訳が入ったので時間がかかりました。私は、スペイン語がある程度分かるので、かえって疲れました。通訳の方は常に2人で法廷にいて、補い合いながらの連携が素晴らしいと感じました。

彼女は自身の体験から外国人被告の裁判において通訳は2人以上必要だと言う。一方で、外国語による法律用語はとても難しいので、司法通訳ができる人はなかなかいないだろう、とも考えている。

> スペイン語で「強制わいせつ」という言葉は、普段使わないですし……。

もっともだと思う。英会話教室で「レイプ」なんて単語を用いた授業をやっていたらひんしゅくを買う。そこで彼女は、「裁判の通訳に何か特別な資格などはあるのでしょうか？」と、とても興味深いことを裁判官に訊ねた。これに対して裁判官は、「いや、特に必要ありません」とそっけない答えだった。
外国人の事件は、難しい。ことに言語の壁は、巨大だ。

> とても大事なことなのに、もしかしたら他の外国人被告の裁判の中で、いいかげんな通訳がされていることもあったのではないかと思いました。
> 通訳によって(心証が)変わることはあるし、通訳の正しさを確認することは必要だと思います。

他方で、通訳をしている間、裁判員は「休憩」、「睡魔との戦い」だそうだ。司法にとっても、市民にとっても難題のようだ。
　私自身、以前、法律用語を多用した外国人被告の裁判を傍聴したことがある。同時通訳の中で理解が追いつかずに置き去りにされていた被告人の小さな背中を眺めるしかなかった。その点で、裁判員に分かりやすいように丁寧な通訳で進める裁判は、被告人にとっても多少は理解の助けになることと願うばかりだ。

## 何も知らなかった

さて、裁判員になる前の江口さんに、裁判や司法についての知識や関心はあったのだろうか。

> ゼロに近いくらいまったくなかった。まったく他人事でした。テレビでも裁判物は見ないし、興味もありませんでした。裁判所があることは知っているけど、そもそも裁判所に行くことを想定して生きていないので……。

　世間のほとんどの人が大いに同意するところだろう。そもそもごく普通に日常生活を送る中で、裁判所に用のある人などまずいないはずである。あったとして離婚調停や遺産相続などの家事や民事といったところだろう。ましてや刑事裁判とは無縁なのが一般的だ。
　そして、事件の関係者が置かれた境遇にも驚いた。

> 旅行添乗員という仕事柄、人生の幸福感にあふれている人たちとしか接してこなかったし、不慮の事故や事件に巻き込まれた人も周囲にはいませんでした。幸せな家庭で育ったんだなと思います。同時に、嫌なものを見ないようにして生きてきたことにも気づきました。
> 　裁判で被害者を知り、こんな不幸な事件に巻き込まれる人たちがいるんだとショックを受けました。幸せな人が裁判員をやると、普通の人以上にショックを受けると本に書いてありましたが、まさにそれが自分だと思いました。殺人事件ではないけれど、すごくショックでした。

## やる気ナシ満々──選任手続

　選任手続室は「病院の待合室みたい」だと感じた。雑誌やセルフサービスのお茶があって明るい印象で、「意外でした」と話す。当日は40人くらいの裁判員候補者が着席した。
　「できればやりたくなかった」という彼女は「帰りに銀座でチーズケーキを買って、夕飯の買い物もして帰ろう」などと考えながら粛々と選定手続を待っていた。やがて補充裁判員のところに自分の番号が貼り出され、驚く間もなく別室に連れて行かれた。

> やる気ナシ満々でしたね（笑）。いまだに何で当たったのか分からない。裁判というものが分からなかったし、興味もなかった。好きなことには没頭するタイプですがこれはちょっと遠慮したかったです。

　それでも、選任手続のために裁判所に足を運んだ。

事前調査票や当日質問票にも虚偽の記載をすると罰せられると書いてあるし、仕事（旅行添乗員）を入れてしまえば、とも思ったのですが、私の代わりはいるし、いろいろ考えたんですが断る理由がなかった。みんな行くものだと思ったんです。

　とても人柄のにじむ煩悶である。むしろ普通の人が直面する以上に真摯な反応ではないだろうか。それでもこう言って苦笑いする。

　　　くじ運がすごく悪いので、(最後まで)当らない自信が満々でした。

　その後、選任されて別室に通された。

　　　紙を渡され、大事なものかと思ったら弁当のメニューでした。お弁当を出してくれるのかな、と思っていたら「500円」ですと言われました(笑)。そのあと、宣誓書を渡されました。さらに刑事裁判のルールという紙も渡され、下見しましょうと法廷に入り、並び方の練習をしました。

　ここは順番の記憶違いだろうか。選任されたらまず宣誓手続を行うのが通常であるように思う。あるいは、この部での優先事項は昼飯だったのだろうか……。
　ちなみに、江口さんたちは、翌日から昼食は自分でお弁当を持って行ったり、裁判官と一緒に法曹会館や農林水産省の食堂に食べに行ったりしたそうだ。裁判官が裁判員とともに昼食を囲むのは、不自然ではないが、一般市民にとっては不思議な光景である。複数の裁判員経験談によると、東京地裁は裁判員へのおすすめコースの中に法曹会館を多用するようだ。

## 判断材料が足りない──公判

　その後、初公判となるのだが、江口さんの「不運」は翌日にも続いた。選任された裁判員のうち、翌日になって2名が辞退を申し出た。危機感を覚えた裁判長は、「大変なことになりました。このままでは選び直しをしなければいけなくなります。もうこれ以上の辞退はないようにしていただきたいのです。皆さん、大丈夫ですね」と残った裁判員たちに念を押したのである。こ

うして辞退が許されない状況の中、彼女は、補充から正規の裁判員1番の席に座することになった。
　初めて入った法廷の感想を「解放感がないところで嫌い」、「窓がない」と感じたそうだ。そして、当然、「緊張した」。そして初めて被告人を見た。

　　　真面目そうで紳士的、悪いことをした人には見えない、……本当にこの人がやったのかなと思いました。

では、法曹三者への印象はどうだろう。

　　　検察官は3人で、弁護人は3人か4人。どちらにも女性が一人ずついて、裁判官にも女性が入っていました。法廷ではレギンスなどの女性用品の名称も出てきたりしていたので、すべてに女性がいてよかったと思います。
　　　カラー刷りのレジュメをもらい、説明（冒頭陳述）があったが、どちらかと言うと検察官のほうが分かりやすく、ちょっと上手だったかなと思う。弁護人のほうは誤字などがあって、若い人が作ったのかなと思いました。
　　　被告人は無罪を主張していて、弁護人の言い分は無理があるな、と思いました。検察が曖昧な証拠しか出していないところを突いて、被害者の同意があったというふうに、とにかく被害者が不利になるように主張していたのが腹立たしかったです。

やはりここは他の裁判員経験者と同じように検察官に分があるようだ。否認事件の難しさを痛感する。それでも、「裁判員制度になって、弁護人や検察官は分かりやすくしようという意欲が感じられて、努力しているんだな」と思ったと言う。裁判官については……。

　　　すごい大変な仕事ですよね。たまたま今回の裁判官がそうだったのかもしれないですけど、知的な一方で普通にジョークも言うし、ツアーなどに参加するお客さんと変わらないな、と思いました。
　　　裁判員に対する心遣いが素晴らしかったです。絶妙なタイミングで雑談を入れて私たちの緊張をほぐしてくれました。関西弁の裁判官とはざっくばらんに話せましたし、裁判長は腰が低く、趣味や海外生活の経験を話してくれたり、奥様の手作りケーキを持ってきてくれたりしました。でも、締めるとこ

ろはピシャッと締める。よい雰囲気で裁判に臨めました。

どうやら裁判官の独り勝ちである。私自身が裁判員を経験したときの判事もまた優れた人格者だ、と当時は思っていたが、人格と訴訟指揮は別物である。少なくとも、おもてなしの心においては裁判所も捨てたものではないようだ。

そして、公判全体において疑問に思った点を率直に話してくれた。

> 被告人が外国籍のため、生い立ちなどバックグラウンドがまったく分かりませんでした。それに事件が密室(被告人の自宅と経営する飲食店のトイレ)で起きているため、実際の出来事を完全に立証することは不可能だと思いました。
> お店の従業員など、出てくるべき証人が出てこなくて、検察官は被害者の傷の写真や防犯カメラの映像を証拠として出してきたんですけど、裁判員はみんな判断材料が足りない、十分でないと思っていたと思うんです。裁判官に、どうしてもこの内容で判断しなければならないですか？ と聞いたんですが、「法廷で見聞きしたことだけで判断してください」と言われました。

この裁判官の回答に江口さんはなんとなく違和感を覚えた。

## 自分の娘だったら—補充尋問

他方、江口さんは、特に証人として立った被害者に心が動いた。

> 被害者に対して、「そのときにどういう気持ちだったか？」と聞いた記憶があります……このような事件は同意があれば犯罪ではないし、嫌がると犯罪で、その境界線が曖昧で見えないからすごく難しい。だから聞いたんだと思います。
> 証言した被害者女性は2人で、どちらも別室からモニターを介してやりとりしました。とても怯えていて、涙目で話していました。自分にも娘が2人いるので、「自分の娘だったら」と思いました。

性犯罪については、裁判員裁判の対象事件から外すべきだという議論もあるが、江口さんも今回担当して、改善すべきだと思うところがあったと言う。

> 性犯罪の場合、被害者は裁判員に顔を見せる必要はないのではないかと思います。裁判官には見せてもいいかもしれないけれど、裁判員と町で会ったら分かってしまうこともあると思う。消したい過去もあると思うし、顔の一部でも隠してあげられたらな、と。
> そして裁判所は普通の感覚ではないな、と裁判中ずっと思っていました。私が女性だから、娘がいるからそう思ったのかもしれない。性犯罪で裁判になるのは数パーセントと新聞で知りました。勇気を振り絞って声を上げる被害者は並大抵の心中ではないはずなのに。
> 裁判員に対して素晴らしい配慮ができるのだから、被害者に対しても配慮ができてもいいのかな、と思います。もっと気配りのできる裁判所であって欲しいと思います。

制度施行にあたって、裁判員にばかり注力していた裁判所に対する痛烈な苦言である。

## 裁判長の引っ張り方——評議

評議室における雰囲気は、概ねよかったと言う。

> 評議はとても話しやすかったです。良識的な裁判員ばかりで、いろんな角度からいろんな意見が出てきて、私一人では思いつかないような意見も出ました。人数もちょうどよく何人かで話し合うことはいいことだな、と率直に感じました。
> あまり意見を言わない、おとなしい方も裁判長から促されるとちゃんと意見を述べるし、私は思ったことは何でも話しちゃうタイプですが皆さんきちんと聞いてくれました。
> 裁判長の引っ張り方もうまかった。万遍なく意見が言えるように配慮されていました。

他方、公判時に裁判官から言われた「裁判では出された証拠からしか判断できない」という言葉が彼女の脳裏に焼き付いていた。「裁判では出された証拠からしか判断できない」というのは、証拠裁判主義という観点ではまさに正論なのだが、彼女は次のように思ったと言う。

確かに合理的かもしれないけれど、危険な部分もたくさんあると思う。出された証拠は十分ではないと思っていたので。

## 心は一生治らない──量刑〜判決

かくして有罪認定がなされた。その後は量刑判断となる。量刑データベースの結果を参照した。検察官の求刑は10年であった。

> まっさらな状態でグラフを見せられたので頭にインプットされてしまいました。見る前のみんなの率直な意見を聞きたかった。きっと、長い人も短い人もいたと思う。まっさらな状態で意見を聞いてもらうのが市民の意見を聞く、ということじゃないのかな。誘導されてしまった感が残ります。

それでも、彼女自身が真剣に悩んだ様子が次の言葉から窺える。

> 性犯罪の被害者は心を殺されたようなものです。たとえ身体の傷は治っても心は一生治らない。被害者のことを考えると長くしたい気持ちになるけど、被告人のことを考えるとどのくらいが妥当なのか難しい……。

結局、求刑どおりの「懲役10年」となった。評議期間は3日間。十分な時間だったと言う。

> 裁判官は、「検察官の求刑は長いほうだ」と言っていましたが、新聞で性犯罪の裁判員裁判は量刑が重くなる傾向があると読んでいたので、これが本来なのだろうと思いました。

裁判官も含め9人で出したその答えをひっさげて判決言渡しに臨んだ。すでに補充裁判員ではなく、正裁判員としての自覚を帯びた江口さんの姿が目に浮かぶ。

判決公判では、被告人は裁判長の読み上げる判決文を真面目に聞いていたと言う。

> 本当に反省して欲しい、そう願いながら法廷を後にしました。

## 子どもたちの平和と幸せを願って──裁判後

　江口さんの裁判員としての任務は終わった。非日常から日常への移行はどう清算されていくのだろうか。

　　　終わったという脱力感と高揚感でした。他の事件で達成感という言葉を使う裁判員がいたけれど、その気持ちがよく分かります。

　そして、貴重な変化が生まれる。

　　　死刑のことや裁判のことなど、本を読むようになりました。テレビドラマやニュースも見るようになって、人生絶好調で海外旅行に行くような人でも明日はどうなるか分からない、と思うようになりました。犯罪も裁判も自分と隣り合わせ、明日事件に巻き込まれるかもしれない、と。
　　　裁判から1週間後には仕事でスペインに行きました。そのときはテンションの持ち上げ方が大変だったのですが、今までとはまったく違う自分の意識に気づきました。全部に感謝というか、ありがとうという感じでしたね。
　　　裁判の被害者など辛い思いをしている人もいる中で、旅行に来られることは幸せなんですよ、とお客さんにそれを感じて欲しいな、と思って仕事をしていました。
　　　自分の中で他人事と思って今まで見ないようにしていたことを、明日は我が身と思って何でもちゃんと自分の意見を持って考えないといけないな、と。

　実は、「ちゃんと自分の意見を持って考えないといけない」と諭してくれたのは当時中学生の娘さんだった。

　　　家族みんなが変わりました。主人は法学部出身で、もともと関心があって（裁判員を）やりたかったそうです。本当は代わって欲しかったくらいなんですが（笑）。娘はちょうど学校の卒業論文を書いていた頃で、文学について書いていたはずが、私の裁判員体験をきっかけに題材を裁判員制度に変更してしまいました。

　家族の会話に犯罪や裁判が話題として加わった。娘さんの書いた卒業論文を拝読したが、なかなか含蓄のある優れた論文である。そんな自身や周囲の

変化を彼女はこう表現した。

　　　**全部変化！**

　そして、裁判員経験をきっかけに、教育の大切さを強く考えるようになった。

　　　今でも気になっているのはなぜ事件を起こしたのか。そういうふうな人間になってしまったのかです。彼だけでなく、事件を起こす人たちには何かきっかけがあるはず。
　　　まず、大事なのは教育だと思います。善と悪、これはやっちゃいけないということをきちんと学校教育の中で教えることだと思います。命の大切さや、量刑の基準、裁判の流れなども教育段階で学ぶことが大事ではないでしょうか。あとは家庭環境でしょう。娘の学校でもいろんな家庭があるんですよね。親が子どもをほったらかしの家庭もあるし、自殺した子もいたし、命の大切さを教えられていないのかな、と悲しくなります。
　　　彼も日本人だったら、家族などの情状証人が（法廷に）出たかもしれない。外国人犯罪の難しさというか限界を感じます。

　教育と環境、まさに犯罪を引き起こす大きな要因であると得心する。この上、貧困が加わるともはや犯罪に走らざるを得ない状況と言えるだろう。どれも生まれてくる子どもにとっては選べない要素であり、唯一、それらを提供するのは私たち大人であることを噛みしめる。
　そして、彼女のグローバルな視点から先鋭的な問題提起がなされた。

　　　**日本は報道規制が効き過ぎです。**海外でニュースを見ますが、戦争やテロなどの報道で平然と死体の映像が流れています。スペイン留学中に見た湾岸戦争のニュースはとてもショックでした。
　　　日本の、死体を隠すという文化が、ナイーブな人間を作ってしまっているんじゃないか、と考えています。現実はもっと厳しいはずです。個人差もあるかもしれないけれど、死を直視するということに慣れておかないと、PTSD（心的外傷後ストレス障害）などおかしくなってしまう人がこれからも出てくるんじゃないでしょうか。

死体を見せていいのか……、と悩みますが、裁判員という制度を作って、そういう判断が必要なのであれば、やはり考えていかないとダメなのかな、と思います。

　驚異の胆力だ、と感嘆の声を上げてしまいそうだが実は違う。彼女こそ、裁判により深刻なダメージを受け、辛苦を深く味わった裁判員経験者の一人なのだ。

　　　当時、普通にしているのがすごく辛かったんです。
　　　裁判で死体の写真とか見ることはなかったけれど、傷の写真が気持ち悪い。(被告人の)変な性癖というんでしょうかマーキングをするんです。きれいなお嬢さん(被害者)の身体に斑点のような無数の傷がついてしまっていて、それが焼きついて頭から離れない。とにかく気持ち悪い。
　　　(公判の)間の土日が辛かったです。娘の部活の試合などに引率していても普通にしていないといけないですから。
　　　被告人は犯行時にカッターを使っていたんですが、そのせいか包丁を握るのが嫌でした。料理がしんどくて。

　典型的なショック症状の表れであろうか。私自身も、裁判員当時、被害者のご遺体映像が夢に出てきたことを覚えている。今では、心身ともに疲弊しきっていたという記憶でしかない。さらに彼女の場合、本人も予想していなかった内なる変化が起きた。

　　　**自分でも忘れていた記憶が甦ってきたんです。**

　過去に遭遇した体験、誰にも話さずにずっと心の中にしまい込んでいて、いつしか自分も忘れていた、あるときの危険を感じた不快な体験を思い出したと言う。

　　　フラッシュバックってこういうことなんだなと思いました。こんなことやらなければ思い出さなかったのに……。

　そう言って嘆息をもらす。大好きだったキンモクセイの香りは、今やどん

よりとした記憶への鍵となってしまった。

　　判決から2年後の秋口に、どうにも調子が悪かったんです。裁判所からもらったサポート窓口に電話をして1時間くらい話をしました。話すと楽になりましたけど、全部は話せないですよね。相手も話が分からないだろうし、聞いてもらうだけで十分でした。1回かけたらもういいかな。治しようがないことが分かりましたから、自分でどうにかするしかないです。
　　私がこんな状態なんだから、被害者の方たちは本当に辛いと思います。今でも心配しています。

私には、ただ黙ってうなずく以外、かける言葉が見つからなかった。
後日、江口さんから御礼とともにこんなメッセージを頂いた。

　　娘の部活を引率してきました。生き生きと運動をする子どもたちの姿を見て、裁判員制度がより良いものになって欲しいのも、犯罪のない世の中になって欲しいのも、この子たちが平和で幸せを感じられる国になって欲しいと強く願う気持ちからだと思いました。

思いもよらない裁判員体験は、彼女自身の生き方に目的を持たせ、その人生において「全部変化！」をもたらしたようだ。

　　　　　　　　　　　　　　　　　　　（インタビュー日：2013年5月10日）

# IV 先例なき裁判

Aさん

公判期日
2009年8月3日〜8月6日／東京地方裁判所

起訴罪名
殺人罪

裁判員は語る

## たまたま1番目の事件

2009年8月3日、全国で初めてとなる裁判員裁判が東京地裁で実施された。戦中の混乱の中で陪審制度が停止されてから、実に半世紀以上の時を経て、再び国民が司法に直接参加する歴史的な出来事である。おおげさだがこの1号事件の裁判員の方々がいたからこそ私たちがいる。すべての裁判員にとっては、大先輩というよりもご先祖様である。そう言うと、「やめてー」と肩を叩かれる……。美術系の大学を出た芸術家肌のAさんは、オノマトペを駆使した感性豊かな言葉で語る。だが、これまで、歴史に残る貴重な体験を彼女はずっと封印してきた。

今までは、（自分の裁判員経験について）具体的な内容に触れるのが嫌でした。第1回目の裁判員ということで、注目される。そういう見方が多くて。事件内容よりも、「最初の人」ということで、常にそういうふうに見られて、そういうふうにしか聞かれない……。

私たちと同じように裁判というものを通じて、人生の機微や司法の展望に触れてきたにもかかわらず、世間は「初」というところにばかり注目する。このことのジレンマは当事者にしか分かりえない苦悩であろう。それがために沈黙せざるを得ない環境にあったのであれば、深く心痛み、そして共感する。

　　　どの事件も同じ裁判員裁判のはずなのに……私は、たまたま1番目の事件をやっただけ。ただ、そこに自分でどう区切りをつけたらいいか分からなかった。でも、裁判員制度についての捉え方が、世の中でだいぶ変わってきて。もう一度、どういう流れで、どういうふうに思っていたかを確かめて、新たな気持ちで話をしたいと思いました。
　　　振り返らないといけない。自分のことだけでなく、被害者やご遺族、被告人のことも思ってなんですけどね。

　その機会に立ち会えることが光栄だ。もちろん「初」というところは念頭に置きつつも、あくまで一人の体験談として区別なく丁寧にうかがっていきたい。他の誰よりも古い記憶を呼び起こすことになる。世間の好奇の目に辟易とした彼女が封印してきた当時の考えや思いを、紐解いていきたい。

## ゲゲゲのゲ！──候補者通知
　事件は、住宅街の一角で起きた近隣トラブルの果ての殺人事件だった。隣人がどんな人なのかも、分からなくなってきた昨今、相隣関係による事件は他人事ではない。市井の中に潜む危険としてＡさんも他人事とは思えなかった。

　　　普通の生活をしている中であった事件で、ありうる話ですよね。人として、挨拶をするとか、他人への配慮など共同生活をする上での最低限やることはしたほうがいいということ。裁判員をやる前から、許せる範囲で地域活動に協力はしてきたけど……。
　　　まず自分の身には起こらないと思ってはいけないなと。被害者にも加害者にもなるかもしれない。

　彼女の人柄を追うと、まったく敵を作らない気さくな人格者だと思う。そ

れでも、「被害者にも加害者にもなるかもしれない」と思ってしまうのだから、近所付き合いの大切さが身にしみる。

さて、彼女は当時、会社員として「普通にお勤め」していたそうだ。しかも、裁判所の隣、農林水産省に日々出入りしていたというから一興だ。

> 裁判員(制度)が始まるということは気にしていました。ニュースで取り上げられていて、意識していたというよりも、(関係する話題は)常に頭に入ってきていた感じ。芸能人のゴシップを聞くのとは違う感じでした。ただ、まるで他人事。
> 私の中で、裁判と言えば、ロッキードとかの政治事件。殺人事件と言えば、誘拐殺人事件ですね。吉展ちゃん事件とか、金嬉老事件とか……。

年代を感じさせる事件が並ぶがあえて素通りしよう。

> 新聞やテレビを見ていて、主人から「(候補者登録通知が)もしもきたらどうする?」って聞かれたけど、ピンときませんでした。
> 「この封書が、該当者に送られてきます」というのをニュースで見ていましたが、それが次の日にポストに入っていてビックリしました。

このエピソードは初回ならではであろう。おそらく全国で30万人弱の人たちが、この日、彼女同様息をのんだに違いない。

> ゲゲゲのゲ! でしたね。わざわざ分かるように、ポストから半分くらいはみ出して入っていたので、周りを見回しちゃいました。
> 見られてはいけないものが届いた感じでしたね。恐る恐るのぞいたら自分の名前が書いてあって「なんで、あたし?」って。

そして、翌年5月には、呼出状が届いて、また「ビックリ!」した。

> 8月3日にこい……と。会社では裁判員制度が始まる半年前に、「裁判員休暇」という特別休暇(有給)が新設されていました。上司に伝えたときは、「は、そっかー、へー」と、ニッコリして受け付けてくれました。

なかなかできた職場である。当時の段階で、ここまで整備できていた会社は多くはないはずだ。

> 前の通知(候補者登録通知)では、候補にあがっただけで、まだやるわけではないから、放置していました。次には「こい」と言われてビックリしました。
> 焦っていて、難しいことが書いてあるようにしか見えなくて、それでもがんばって読みました。たまたま父親が4月にがん宣告をされていて、末期だったので(体調が)不安定でした。だから月に1回は実家に帰るような生活をしていましたし……。
> 父親からは、「親族で成人は8人いるから、誰かにくるだろうと思っていたが、お前にきたか！」と言われました。

呼出状に同封された質問票で、「介護のため」と辞退の理由を書くこともできる。彼女はギリギリまでどうしようか、と悩んだ。

> まじめなんですよね(笑)。国で決まったことだし、行かないと罰金とられるし、回避することは考えていませんでした。主人から「本当にやるの？」と聞かれましたが、「お国の指示だから」と答えました。
> 主人からのアドバイスもあって、「近くにいない父が、いつなんどき、万が一の状態になるか分からないので出られません」と書いて出しました。でも、何も言ってきませんでした。
> 父は入退院を繰り返していて、体力も衰えていました。余命も半年と言われていたのですが、私は理由にならないだろうな、と思っていました。

## 針のムシロ──選任手続

結局、事前質問の時点では、候補者から除外されることなく選任手続当日を迎えたＡさん。普段から仕事で通い慣れている霞が関界隈。「いつもこのへんはデモがすごいな」という印象はあったと言うが、この日の喧噪には驚いたという。

> (駅から)地上に出たら、人、人、人……。マスコミの人がいっぱいで、門に入るのが大変でした。反対派の人もデモをしていました。

注目される裁判があるときはいつもそうだ。無造作に歩道に並ぶテレビカメラや三脚は、道行く人の緊張を誘う。全国初というのも拍車をかけたようだ。

　　（担当した事件のことは）朝のニュースでずーっとやっていました。朝6時にタイマーでついたラジオが、「今日、初めての裁判員裁判が始まります。呼び出された候補者は70数名……」と言っていました。さっと計算して、約10人に1人。私は選ばれることはないなと思いました。
　　興味はあったけど、「やりたいな」とか思っていたわけではないです。ただ、ハズレたとしても、その事件のことは追っかけていたかもしれない。朝読んだ新聞で、被告人の顔写真が載っていて、殺人事件だというのは分かっていましたし……。

　興味はあるけど積極的にはなれない。微妙に揺れる気持ちはごく自然で、この日、呼び出された候補者のほとんどが共有していた心理だったのではないか。そんなAさんの内心をよそに裁判所は、粛々と選任手続を進めていく。

　　アンケート（当日質問票）には、棄権したいということを書いた紙（事前質問時に返送したもの）のコピーが一緒になっていました。一通りの手続が終わったときに、「何番の人は面接をします」と言われて、私を入れた3人が個別面接でした。
　　「お父様が大変な状況のようで……」。向こうはずらずら並んでいて、こっちが裁判をされているみたいでした。まるで針のムシロ……。緊張しました。父の急変を気にしながら仕事をしている状況で、こういうこと（裁判員）ができるか分からない。危ない状態になったときには、欠席しなければならない。それでは無責任なので、申し訳ないと思います、と言うと、「いえいえ、あなた一人で責任を負う必要はありません。そのために補充裁判員がいるんです」と言われました。検察官とか弁護人もうなずいていて、口説かれているような感じでした。
　　面接を受けた3人のうち、2人は帰っていきました。免除されたみたいでした。そのとき、私だけはダメだったのか、と分かりました。

　免除されたお2人は、彼女を上回るよほどの事情があったのだろうか。補

裁判員は語る

充ではなく正裁判員を前提にした「口説き」が気にかかる。彼女を正裁判員とするシナリオが予定されていたのか、はたまた抗えない運命だったのか。

## 体中の神経が──初入廷

　選任手続は非公開で行うことが法に定められていて、通常は当日出頭した裁判員候補者にもその選定作業は公開されない。しかし、この第1回目だけは候補者に対して見える形で選定作業を行ったようだ。

　　モニターがあって、(選定の様子が)画像にずっと流れていました。そのあと、該当者の番号が一斉に出て……。
　　「あぁ、でちゃった……どうしよう……」、キツネにつままれているような感じでしたね。すぐに主人と息子にメールしました。
　　「該当者はこちらへ」と言われて、他の方は「お疲れさまでした」ということで、ぞろぞろ帰っていきました。私は、別室へ。違う道、分かれ道ですよね……。

　このとき、裁判所の外では選任から漏れた裁判員候補者への取材合戦が白熱していた。この新たな歴史の幕開けは、当時の報道記録にも数多く残っている。しかしここでは、できるだけAさんの視点で、法壇の側からどう見えたのかに迫りたい。

　　(はじめて入廷した)そのときの感覚は覚えています。女性の裁判官が「いいですね」と言って、扉が開いた。暗がりにいて、突然明るいところに出て行った感じ。学芸会じゃないけど、緞帳がバッと上がったという感じでした。
　　人前にさらけ出されるというか、一気に注目を浴びていたのがよく分かりました。皮膚の中まで見られている感じで、体中の神経がビビビッ……という感じ。検察官側の席でしたので、そちらを見ようとしましたけど、難しい……ジーっと見られているのが分かったので。
　　傍聴席は満席で、顔は上げられない……。法壇が高く感じられました。「オウム事件などの大きな裁判をやる法廷です」という説明がありましたけど、私にとっては、初めての法廷だから、広いとかは分かりませんでした。でも、大きい空間だな、と。

東京地裁の104号法廷と言えば、知る人ぞ知る大きな法廷である。奇しくも、私も彼女と同じ法廷で裁判員を経験した。彼女から遅れること1年1か月後に、同じ法廷に足を踏み入れたことが感慨深い。

> 　新聞で見ていて、(被告人が)高齢であることは分かっていました。
> 　法廷に入って、そのあと被告人が入ってきたときに、そんなに悪い人じゃないな、普通の人だな、と感じました。ギラギラしている感じでもなく、みすぼらしい感じでもなく。怖いとかも何もなかったです。気が弱い人なんだな、と。
> 　この人が事件を起こした人という「配役」ということでしか見ていませんでした。「なんてことをしたの！」みたいな感情はありませんでした。

裁判員は語る

　どちらがポピュラーかは分からないが、被告人よりも先に合議体が入廷するのが斬新な感じがする。私のときは、すでに被告人や関係者の待つ法廷に入廷した。

## 耳をダンボに──公判

　被告人は起訴事実を認めていた事件で、事実関係に争いはない。つまり争点は量刑のみに絞られた裁判だが、何せ初の試みである。法曹三者のインパクトはどのように伝わったのだろう。

> 　検察官は若い人で、「バリバリ」という感じでした。女性の検察官の印象がすごく強くて、いやらしくなく、威圧感もなく、適格でした。好感を持てました。この人、バリバリできる人だな、と。冒頭陳述では、大きな声ではっきりと述べていました。スライドに映されるものと同じものを紙で渡されて、それを見ながら声を聞くという感じでした。
> 　弁護人は年配で、被告人がどういう人か、どういう生活をしているのかを話していました。別に分かりにくいこともなく、検察官の言っていることは間違いないし、被告人もそれを認めているということを言っていました。
> 　これから裁判をしなければならないんだ！　一言一句を聞き逃してはならないと思って、耳をダンボにして聞きました。(法律用語など)分からない言い回しもなく、チンプンカンプンなことはありませんでした。
> 　裁判官は、とても感じのよい人たちでした。男性2人に女性1人、初めて裁

判に臨む裁判官デビューの人がいました。出身が同じ裁判官もいて、お酒の銘柄の話など雑談をよくしました。

　左陪席の法廷デビューが全国初の裁判員裁判とは、とても貴重な経験だったに違いない。司法の未来を担う有能な存在になってくれることを願う。また、観察眼の鋭いＡさんは、裁判所職員の活躍にも着目していた。

　　裁判所の人、全員がすごく気を遣っていました。すごく丁寧な扱いで、常にご機嫌をうかがっている感じ。一番ビックリしたのが、（評議室から）トイレに行こうとしたら、途中途中で椅子に人が座っていたんです。「ハッ！」という気持ちでした。
　　毎朝、報道陣が張っていて、裁判所に入ると、職員さんたちがバッときて「こちらですよ」と連れて行かれました。とにかく守られている感じでしたね。
　　電車に乗っていて、まさか（私が）裁判員だとは誰も思わないけど、裁判所に一歩入ると意識されてしまう。ずっと監視されているような感じでした。

　これまで、求められてこなかった裁判所のおもてなしの心は、やや前のめりすぎたのかもしれない。じっくりと積み上がる経験だけが頼りだ。
　合議体を構成する男女比がしばしば議論の対象になる。この合議体は、もともと女性5名、男性1名だったが、途中から女性4名、男性2名に入れ替わった。

　　補充裁判員は3名いたのですが、初日に（補充の）一人が解任されました。（ご本人の申出で）「必要ないのでは」ということで。途中から、具合の悪くなった女性（の正裁判員）と男性（補充裁判員）が入れ替わりました。
　　最後に残った補充裁判員（男性）は、父の状況があったので、私のためにずぅーっと確保されていました。結局、そのことは後のほうで聞かされて。補充裁判員は評議には入れない（評決権がない）のに……「最後までお付き合いいただけますか？」ということで尋ねて、最後までやってくれました。すごく感謝しています。

　表からは見えないところで、様々な人の配慮や思いがあるものである。任務終了時（解任時）に裁判所が裁判員に、感謝状を手渡す気持ちも分からない

でもない。
　引き続き、Aさんにとって初めての刑事裁判、初めての裁判員裁判の審理経過を追ってみる。

> 　（ご遺体の写真は）全部見ましたね。淡々と見ました。「証拠写真を映すけど、見たくない人は見なくていい」とは言われていましたけれど、ちゃんと見ました。
> 　被害者のご遺族は、殺されたことを嘆いていて、（被害者は）気性が荒いという証言もあるけど、自分にとってはいい家族だったとおっしゃっていました。ただ、この文章（調書）は本当に自分で書いたものなのかな？　というのは思いました。
> 　（被害者遺族の方への証人尋問の際に）調書と違うことを言っていることについて、裁判員から質問（尋問）があったのですが、「それは気が動転していて」と答えていました。検察官との打ち合わせで、こういうふうに言ってくださいと言われたのかな、と思いました。人はショックなときほど、冷静に考えていることがあるから。

　かなり鋭い洞察力である。証拠写真などからも目を逸らさない真摯な姿勢が分かる。

> 　途中で休憩は何度も入りましたが、休む余裕はなかったです。集中していて真剣でした。そのときは、そんなに疲れを感じなかったし、1日疲れたなということはなかったです。普通にご飯を作って。寝付けなかったということもないです。
> 　印象的だったのは、傍聴席にすごく泣いている人がいたんです。たぶん、被害者の親戚の方だと思います。それに、事件現場の目撃証言をした方のうちの一人がとてもビクビクしていて、私が法廷で見ているものよりもすごいものを見ているから怖かっただろうなと。その証言が一番心に残っています。

　前例のない非日常の連続は、肉体や精神に影響がない訳はない。それほど一心に集中していたようだ。しかし、後述するように、溜まる心の澱は裁判後に少しずつ溢れ出すことになる。

## 小さな鍵——補充質問

　傍聴席から一挙手一投足を凝視されていたという、あまり居心地のよくなさそうな法壇から、補充尋問(質問)などできたのだろうか。

　　裁判の中で、徐々に被告人の人となりが映像化していきました。自首しようと思って、後始末を友人に頼もうと競馬場へ探しに行くのですが、なんでそこでお酒を買うのかな、とか思っていました。
　　カーッとなって刺してしまった。前から殺したいと思ったのか、そのときに初めて殺したいと思ったのか、を知りたくて「なぜ、ナイフを使ったのですか？」と聞きました。「道具箱にあったので」という答えでした。
　　納得したということはなかったけれども、答えてくれたことに「ふーん」と感じました。

　モンスター視された被告人をぐっと身近に感じる瞬間なのだろうか。言葉一つひとつのやりとりが、単なる疑問の解消ではなく、その人を理解する小さな鍵となる。4日間の公判期日のうち、丸2日が経った3日目の午前、裁判は結審した。検察官の求刑は懲役16年。日本で行われていたかつての陪審制度と違い、量刑判断にも市民が加わる裁判員の評議結果を、世間は固唾をのんで待った。

## 憎しみだけでは決められない——評議

　　（評議室の）雰囲気はよかったですよ。常識的。すごくいいメンバーで、やりやすかったです。この人の言うことは嫌だなと思うこともなくて。
　　人を殺したら死刑？　介護殺人など、殺人の形はたくさんあって、全部が死んでお詫びということはないと思っていました。自分の身内だったら許せない。けれど、死んでもお詫びにならないし、憎しみだけでは決められなくて。自分の父親が余命を宣告されていて、生きたいと思っていても、生きることができない。生きているなら、やったことの償いはすべきだと、漠然と思っていました。
　　父のことが引っかかっていたので、「生きる」ということ、「生まれた意義」、「人生の意味」をずっと考えていました。

　初めて聞く凄まじいまでの葛藤に圧倒された。さらに、「自分の人生を自

分で決めることができない被告人がいて……」とＡさんの逡巡は積み重なっていく。

「裁判員と裁判官が同じレベルで話をしていた」というが、議論は緩やかな展開の末、懲役15年という結果に収斂した。

> ポイントは、被告人がどういう人なのか？ なぜ、こういう行動をとったのか？ というところでした。
> 最後、裁判官が書いた判決文をみんなで読んで、表現をこう直したら、という意見を出し合いました。
> そのときは、言わなかったのですが、判決文の中身で1か所だけ、「競馬場に行ったときに、馬券を買った」という部分がちょっと……。**本人は**（競馬を）**やっていないと言っているし、客観的な証拠も何もないので……でも、ワンカップは買っているんだし……**。

Ａさんの鋭い感性が光る。私なら、「人を殺した。これから自首する。あとのことを頼む」なんて、安酒でもあおらなければ口にできないかもしれない。

> 普通に気が弱い人だと思います。生きては出てこられないのかな……。

70代の被告人にとって、15年の服役とは、余生を刑務所で送るということになるのだろうか。

## 六法全書より難しい─裁判後

全国初となる裁判員裁判を無事に務め上げたＡさんに迫った次なる関門は記者会見だった。

> 終わった瞬間から大変でした。
> 記者会見があるというお話で、出席を求められました。嫌でしたけど、毎日、行きも帰りもマスコミがいて、会見できっちり話しておけば追いかけられることはない、そう思ったので出ました。

動乱の4日間を過ごした彼女は、普段の生活に戻って行くのだが、それま

で味わったことのない非日常の体験が、彼女に微かな異変を生じさせていた。

　終わった日に、バーッと眼底出血したんです。医者に行ったら、すごい疲れていますよ、と言われました。金曜日に終わって、月曜日から仕事に復帰したのですが、1週間くらいは疲れて疲れて……。休みをとったかな。裁判中は、毎日疲れたという感覚はないまま過ごしていたんですけど。
　目撃証言をした方が、事件発生当時、テレビから『キユーピー3分クッキング』の番組が流れていたという話をされていて、その時の話がすごく生々しくて、その番組のテーマ曲を聞くと思い出すんです。怖かっただろうな、と。当初は見るのが嫌でした。

人間は極度の緊張から解放されると、それまで感じていなかったダメージが現れる。「今は見られるようになりましたけど」と聞いて胸をなでおろす。
　この裁判を皮切りに始まった裁判員裁判だが、いまだに難しい課題を内包しながら歩みを進めている。あらためて、裁判員制度および法曹三者について振り返ってもらおう。

　（裁判官については）選任手続時に、口説かれて観念しました(笑)。でも、威圧感があるという感触ではないです。固くて偉そうな、ということもなかったです。以前は、固い人、頭のいい人、というイメージだけでした。きっと勉強しているんだろうな、と。最後に、裁判長から、「どの模擬裁判よりも一番よかったです」と言われました。
　検察官の若い女性が一番すごいと思いました。やり手でしたね！
　弁護人は、裁判官や検察官とちょっと違うイメージで、毛並が違うなと。一つの職業で、それに特化した人たちなんだな、と思いました。

弁護士と検察官・裁判官の本質的な違いを見抜く慧眼に脱帽する。そして、歴史に残るであろう、全国初の裁判員裁判を経験した彼女ならではの視座でこう説く。

　こちらも初めて、あちらも初めてで、分かりやすいようにしてくれて、気持ちよく4日間がんばれました。分からない人たちが集まって、本当に気を遣ってもらって仕事をさせてもらえたと思います。でも、これが当たり前に

なってはいけないなと思います。私たちはあくまで素人で一般市民。資格のない人間たちがやることが当たり前になって、それに慣れてしまってはいけない。（事件ごとに）差があっていいと思う。でも、一緒にやるという体制はあっていいと思う。完全な状態はなくて、完成形はない。
　いかにして、事件のない世の中を作ろうかという手段が裁判で、それに一般市民が参加できる時代。私は、第一期の裁判員経験者。次の世代の裁判員経験者を育てていく立場で、常に試行錯誤していくものだと思っています。これでいいのだ、というものはないですよ。

　含蓄のある言葉が心を揺さぶる。がんばったからこそ、「被告人はどうしているのかな」と考える彼女が1号事件の裁判員であったことの意義は間違いなく存在する。

　　なぜ、私が選ばれたのだろう？　最後に裁判員で集まって話をしたときに、私たち悪いことできないよね、と談笑しましたが、裁くほうも裁かれるほうも人間なんですよね。それは、六法全書を覚えるより難しいことなんでしょうね。

　全国初の裁判員候補者登録通知を「お前にきたか！」と破顔一笑した、亡き父上なら答えてくれるだろうか。

（インタビュー日：2013年6月20日）

# 司法が近づいてきた

鎌田祐司さん

公判期日
2009年9月8日〜9月11日／さいたま地方裁判所

起訴罪名
強盗致傷罪

裁判員は語る

## 罰則規定がない法律

　東京北部にすっぽりと帽子をかぶせたように東西に広がる埼玉県でタクシー運転手を生業とする鎌田さんは、2009年の夏にさいたま地裁からの呼出状を受け取った。つまり初年度の裁判員経験者である。それもそのはず、さいたま地裁の裁判員裁判第2号事件だった。2008年の秋に初めての候補者登録通知を受け取った約30万人の中の一人になる。

　ニュースやワイドショーでもたくさん扱っていたので、（裁判員制度については）知っていました。そのときは、アメリカの映画やドラマでよく見る陪審法廷のような感じのものかな、と思っていました。テレビでは、（選ばれる）確率は低いと言っていたので、何か準備しようとは思っていませんでした。呼ばれるのはまだ先だし、選ばれるかどうかも分からない、前の前の段階ですからね。

　冷静さを装いつつも、「きたらやってみたいと思っていた」と目を輝かせて

言う。当時、彼が勤めていた製造工場では、裁判員制度への参加による公休などの特別な規則はなかったそうだ。

　選ばれたときに会社に伝えたら、会社側は(社会保険)労務士と相談したうえで、「便宜を図らなければいけない規定があるが、罰則規定がない法律は守る必要がない」という回答でした。だから、「有給も使わせないし、行きたいなら、欠勤扱いで」ということで、公休ではなく欠勤扱いで無給でした。理不尽だと思ったけれども、そんなもんだろうな、と。

　確かに裁判員法(裁判員の参加する刑事裁判に関する法律)第100条にある「裁判員等に対する不利益取扱いの禁止」には、使用者に対する罰則規定はない。だからと言って、このような対応は理不尽以外のなにものでもないだろう。私は憤慨する一方で、これが中小企業の現実なのかもしれないとも思った。

　妻は、「やりたければやればいいじゃない」と。職はよく替わっていたので、あまり怖くはありませんでした。そのときは、(生活への)危機感よりも好奇心のほうが強かったんで。

　そう言って声高に笑う鎌田さんは2児の父親である。屈託のない笑顔と、時おり見せる物憂げな表情、その内面にどれだけ近づくことができるだろうか。

## 宝くじは当たらないのに──選任手続

　さいたま地裁は、家庭裁判所や簡易裁判所など4つの棟が同じ敷地内に連なっている。そのうちのA棟は、2008年に法廷から評議室、候補者控室に至るまで、すべてが裁判員裁判仕様で建てられたまさに「裁判員棟」である。結果的に会社を休むことにした鎌田さんは、好奇心の赴くまま、裁判所の敷地に足を踏み入れた。

　リーマンショックの影響で、工場が暇な時期だったんです。週の半分くらいしか稼働していなかったので、人が抜けて困るというような状態ではありませんでした。
　裁判所は初めてでしたね。いかにも裁判所っぽいなと、予想していたイ

メージどおりでした。暗い壁に芸能人を使ったポスターが貼ってあって、いかにも役所というイメージです。ただ、自由に出入りできる感じだったので、セキュリティが甘いなと思いました。東京地裁のようなセキュリティはあったほうがいいと思います。
　50人前後の人がきていたでしょうか。用紙が配布されて事件概要の説明がありましたが、踏み込んだものではありませんでした。被告人が（犯行当時）未成年だったので、（被告人の）氏名が書かれていませんでした。殺人ではないことが分かってホッとしたところはありましたね。

　鎌田さんが担当した事件は、全国でも初めての外国人の被告人であること、そして犯行当時未成年だったため、初めての少年事件であることなど、世間的にも注目されていた。

　埼玉県で2件目の裁判員裁判ということで、けっこう報道はされていました。でも、事件や裁判の中身よりも裁判員制度についての報道が多かったと思います。
　（事件と）関係のある人はこちらへ、ということを言われましたが、私は該当しないし別段の事情もなかったので、（選任手続中）1時間半くらいずっと座っているだけでした。暇だったので、携帯電話でゲームをやっていました。

　雑誌や飲み物の用意はなかったと言う。初期の頃は、そこまで手厚いおもてなしではなかったのだろうか。やがて番号が掲示され、自分が選ばれたことが分かったと言う。

　本当に選ばれるとは……宝くじは当たらないのに、これは当たったな……。好奇心はあったけれど、数日間拘束されるから面倒だな、というのも正直ありました。

　裁判員に「当たる」ことが、「嬉しいのと残念なのと両方」と言う鎌田さんは、その日の帰り道に宝くじを買った。残念ながらそちらは当たらなかったようだ。30代から60代までの男女3名ずつの正裁判員と男性2名の補充裁判員といった均衡のとれた合議体が出来上がった。その日の午後から始まる初公判を含めて4日間の裁判を共に過ごす仲間である。

## 一般の刑事事件──公判

　2009年9月8日に初めての裁判所に呼び出された鎌田さんは、その日の午後には初めての法廷に立っていた。

　　思っていたよりも広いなと思いました。緊張しなかったと言えば嘘になるけれど、手足が震えるほどではなかったです。他の裁判員もどちらかというとリラックスしている感じに見えました。ドラマで見た陪審裁判と違って、正面に座るんだと思いました。あと、車いす用の設備もあったりして、そこまで気をつかっているんだなと思いました。初期段階でしたので、裁判所の職員さんも手探りでやっている印象でしたね。

　バリアフリー対応も万全を期した新築の「裁判員棟」である。満席の傍聴席にも動じない彼は、法廷の雰囲気に溶け込むように入廷したと言う。
　事件は、犯行当時19歳のフィリピン人の少年が他の少年2人と共謀して、複数のサラリーマンから金品を奪いケガをさせた強盗致傷事件、いわゆる「オヤジ狩り」である。

　　被告人は、（公判時には）20歳になっていましたが、幼い感じで2、3歳は若く見えました。見た感じは少年でしたね。緊張もしていただろうし、ずいぶん不安げな感じでした。女性の裁判員は、被告人を見るのがかわいそうだと言っていました。
　　裁判官から、「事件当時は未成年なので、少年事件ですが、今回は一般の刑事事件の手続を適用します」と言われました。でも、私たちは、一般のやり方を知らないので……。

　非公開で行われる家裁での少年審判と、公開を旨とする刑事裁判の落差は、被告人にとって大きなショックだったと思う。では、それまで「お金持ちなんだろうな」という程度のイメージしか持っていなかった法律家の印象はどうだろう。

　　（弁護人は）お金持ちには見えなかったですね（笑）。貧乏弁護士のような風体でした。エリートという感じがしなくて、ドラマに出てくる下町の町弁みたい

な感じでしょうか。いろんな方がいらっしゃるんだな、と思いました。
　検察官は、もう「ケ・ン・サ・ツ・カ・ン・」でしたね（笑）。眉間にしわを寄せた鬼検察官みたいなのをイメージしていましたが、そのとおりでした。裁判員の間でも、「怖そうだね」と話していました。ピシッとしていて、ずいぶん気合いが入っているな、と感じました。

なかなかユニークな捉え方だと思う。裁判官はどうだろう。

　裁判官のほうから積極的に話しかけてくる感じで、大きなギャップではないのですが、ずいぶん気をつかってくれているなと思いました。若い裁判官が、「（評議室の）お菓子は僕が買ってきています。予算の出所は秘密です」と言っていました。

　予算の出所は、「裁判官のポケットマネー」ということを言ってしまっては、裁判員が気をつかうだろう。
　加害少年3人は、全員がフィリピン人で、被害者に素手でいきなり殴りかかって袋叩きにしてから金品を奪うという方法で、被害額は、被害者一人あたり数千円から1万数千円、そして腕時計という犯行だった。事実関係に争いはなく量刑のみが争点となる。

　3人のうち、他の共犯者は、完全に未成年で、少年審判で少年院送致が決定していました。被告人だけが逆送されて刑事裁判でした。検察側は凶悪犯罪だとアピールして、弁護側は少年の家庭環境や生い立ちについて主張していました。
　被告人は、日常会話レベルは問題なく日本語が話せました。ただ、少し文法的に込み入った話は分かっていないようでした。そういうときに通訳の方が出てきました。基本は日本語でのやりとりでしたが、本人が分からないときに通訳が登場するという流れでした。法廷で使う言葉は日常会話とは言いがたいので、通訳が必要という程度でした。
　通訳がいることで特段やりにくいということはなかったですが、通訳しているあいだに、被告人が日本語で答えてしまったり、弁護人が次の質問をしたりするトラブルがありました。裁判官から注意されていました。

全国初の外国人の被告人に対する裁判員裁判ということは、法廷通訳も初ということになる。分かりやすい裁判という点では、ここもまた手探りの段階だったのだろう。

　　疑問点があれば、(評議室で)裁判官に聞くことができたし、(法律の)専門用語は使わないということになっていたようで、全体的に分からないところはなかったと思います。

## 刑罰の整合性──補充尋問〜結審
　証人には被害者、そして情状証人として被告人の母親が証言台に立った。

　　被害者のケガの状況はけっこう深刻でした。頰骨が折れてボルトが入っているような状態で、事件当時の写真はずいぶん顔が腫れていました。(被告人の)お母さんには、家庭環境に関することなどを補充尋問で聞きました。どの程度の時間、息子と一緒にいたのかということと、ちゃんと監督できるかどうかということ。

　フィリピン人の母親は日本人の男性と再婚したが、当時14歳だった被告人は再婚相手の父親との関係がうまくいかなくて、事件当時は家出をしていた。生活費と遊ぶ金欲しさの犯行だろうか。

　　被告人には、犯行時の状況について質問をしました。あと、共犯者の中での力関係を聞きました。共犯の少年たちは15、6歳なんですけど、彼らのほうが身体が大きかったので、主犯かどうかが微妙でした。検察官も、本当に主犯かどうかは怪しい、と言っていました。弁護人が、3人とも同じことをやったのに、一方は刑務所で、他方は少年院では、刑罰の整合性がとれないのではないか、と言っていたので、実際の力関係を知りたかったんです。
　　他の裁判員は、(被告人の)お母さんに対して、「息子さんを愛していますか?」というような精神的なことに質問が偏っていたような気がします。量刑のみが争いでしたので、どうしてもそうなるのかな、と思います。

　情状を見極めようとする視点と、事実を精査する鋭い視点が交錯することが裁判員制度の醍醐味だと思う。投げかけた疑問点に対する答えに、「納得

するだけのものは知ることができたので、一応の解決はできた」と鎌田さんは言う。そして、審理は最後の局面を迎えた。

> 強盗致傷自体が幅のある刑罰なので、検察官の求刑6年は、感覚的に妥当なところなのかなと思いました。弁護人のほうは、家庭のことや環境面での不遇を考慮して欲しいと訴えていました。補導歴や前科があるので、「執行猶予とは言いませんが、何年も刑務所に入れることは考えていただきたい。寛大な判断を」というようなことを言っていました。

ちなみに、弁護人の量刑意見は、3年6月が相当ということだった。いずれにしても、被告人は20代の前半を刑務所で過ごすことになるのだろうか。

## 考慮しなくていい──評議

鎌田さんたち裁判員と裁判官は、限られた時間で結論を導くべく評議室に舞台を移した。裁判員同士はお互いを番号で呼び合っていたと言う。

> 和気あいあいとしていて、ガチガチの会議というわけではありませんでした。評議では自由に話してくださいと裁判官から言われました。ただ、最終的には推定無罪とか、ニュースなど外部の情報は考慮に入れずに、あくまで裁判の内容、証拠だけで判断するという大前提に従ってくださいと言われました。あと、被告人が少年であることは考慮しなくていい、とも言われました。
>
> みなさんリラックスしていたように感じました。裁判官は基本的に聞き役に徹して、質問や疑問点があればそれに答えるというふうにして、(自分の)意見は最後に言う感じでした。裁判員が意見を出し尽くしたところで、意見を取りまとめて、「みなさんこれでどうでしょうか」といった感じで、決して「私はこう思うがみなさんどうですか」というやり方はしませんでした。
>
> 被告人の話と、被害者の話が食い違うところがいくつかあって、例えば、(被害者の)腕時計を被告人が外して奪ったのか、被害者が自ら外して差し出したのか、そういう細かいところの記憶がどちらも当てにならなくて、ただ、腕時計の話よりも前に被害者を袋叩きにしているので、事件の本質的に変わりはありませんでした。

たとえ事件の大筋に影響がなくとも、細かい部分まで十分に吟味する合議体の真摯な姿勢に感服する。それにしても、犯行当時未成年であったことは考慮しなくてよい、という裁判官の言葉には首をひねる。家庭裁判所で保護処分を再度検討してもらう選択肢、いわゆる「55条移送」に関する説示はあったのだろうか。

　　それはありませんでした。あくまで刑事事件として扱うという話でした。それに、裁判員は誰も「55条移送」の選択肢を知らなかったので、そのような疑問は浮かばなかったです。

　もっともだと思う。専門家から示してもらわなければ、一般的には知られることのないルールである。示す要否は、裁判官の胸三寸といったところか。私は、公正な観点から、当然に示すべきだったと思う。
　ガチガチではなかったという評議室では、休憩時間などにこんな会話がされていた。

　　雑談では、裁判官の仕事について話したり、パチンコですった話だったり、取るに足らない話ばかりでした。裁判官は、パチンコの話にはのってきませんでしたけれども。裁判員同士でも、仕事の話、家庭の話などいろいろ話しました。他の人の(公判中の)仕事のやりくりなども聞いて、公休扱いの人もいて、大きい会社はいいな、と思いました。

　こんな他愛ない話をするときでも、「何番さん」と番号だったと言う。私自身の担当した裁判でも、お互いを番号で呼び合っていたため、不思議とそのことに違和感を覚えない。

## 虫のいい話——量刑〜判決

　さて、半日しか時間が許されなかった評議では、当初の争点どおり量刑判断がポイントとなる。

　　(評議室の)パソコン画面で、こういう事件でこういう判決だったという一覧表が示されましたが、執行猶予から(懲役)6、7年くらいまで、幅が広いなという印象でした。裁判員は、各々がだいぶ悩んでいました。今まで、万引き

などを繰り返してきたことなど、犯行に至る経緯や被告人の環境を考慮しながら、被害者の被害状況を照らして導き出していきました。
　全員が納得する結論が出て、みなさんホッとされていました。

　検察官の求刑6年に対して、鎌田さんたち合議体は懲役5年(実刑)という結論に行き着いた。そこにはどんな思いを込めたのだろうか。

　全員が思っていたことは、虫のいい話ですけれど、服役期間を勉強する時間に充てるなど有意義に使ってもらって、5年後に社会に戻ってきたときに、日本で生活するにせよ、フィリピンで生活するにせよ、自分と同じような境遇の子どもたちに働きかけるような人になって欲しい、日本とフィリピンの架け橋的な存在になって欲しいというようなことを話していました。
　判決文にそういうことを入れて欲しいと裁判長にお願いしたら、そこを酌んでくれて説諭として話してくれました。「全員があなたの更生を願っています。そのためには、あなた自身の努力も必要です。怠らないでください」と、正確な文言は忘れましたが、そういう内容でした。

　裁判員たちは、裁判長に対して相当熱心に働きかけたのだろう。説諭に込めた思いが、弱冠20歳の被告人に伝わったことを祈る。

　被告人は、神妙な面持ちで聞いていました。内容が難しかったので、通訳が入りました。最終的には理解してくれていたと思います。

## 日当もらっても大赤字──裁判後
　判決公判の後、鎌田さんは進んで記者会見に臨んだ。

　意見を言う以上は、堂々と出ようと思っていました。人に対しても、自分についても、匿名の意見はあり得ないと思っていましたから、その信条に基づいて臨みましたが当たり障りのない質問ばかりでした。守秘義務については、あまり深く考えていなくて、そんなに気にしていませんでした。どこからどこ、という線引きは難しいですけれど……。

　選ばれた際に、「くじ運いいね」と一言であしらわれてしまった奥様からは、

「ご苦労様」とやはり一言のみで薄い反応だったと彼は言う。

　妻は、何も話してはいけないと思っていたらしくて、そんなことないと言ったのですが、聞かれることはありませんでした。知りたくなかったんじゃないですかね。子どもは、上の子が当時4歳でしたから何も分からない状態でした。

4日間とは言え、ご主人が会社を欠勤扱いだったことがそっけない遠因なのかもしれない。

　仕事には普通に戻りましたよ。小さな会社だったので、ただ給料が支払われないだけでした。同僚の中でも、話を聞きたがる人はいませんでした。会社以外でも、聞かれたことはないですね。でも、あんなに裁判員制度について報道されているのに、通知がきたら決定するものみたいに捉えていて、割と分かっていない人が多かったですね。そういう人には説明しました。

周囲から聞かれたことがないという彼の話を聞きたがるのは、その後、同じ裁判員経験者として出会った私くらいだそうだ。

　肉体的には、慣れない電車に乗って通ったので、それなりに疲れました。精神的には、まいったというほどではないですけれども、慣れないことでしたので、やはり多少はありました。ただ、私の場合は4日間でしたので、許容できないものではなかったです。

さいたま地裁では、100日という公判期間の最長記録（2013年8月末現在）の裁判員裁判がある。確かにその負担は雲泥の差かもしれない。そして、多少はあったというストレスの解消法は、裁判所からの帰り道に寄るパチンコ屋だったそうだ。

　ストレスが溜まるので、そのまま家には帰れませんでした。日当もらっても大赤字でした(笑)。
　日当8千円は安いですよ。その根拠がどこから出てきたのか知りたいですね。同じ仕事をしているのだから裁判官の平均年収を日割りで計算するとか、サ

ラリーマンの平均年収でもよいと思います。交通費の計算も柔軟性がなかったですし……。

　決して、パチンコですったから言っているのではないと思う。鎌田さんの鋭い指摘に大きくうなずいた。裁判官の平均年収の1日当たりの金額はどのくらいになるのだろう。

## いくらでも人生は続いていく

　それでは、あらためて経験を振り返りつつ、鎌田さん自身の変化などを探ってみたい。

　　　裁判員の事件とか、報道されている事件について興味を持つようになりました。といっても、丁寧に新聞を読むようになったり、ニュースを熱心に見るようになったりした程度ですけれども、もう1回きたら？　やりたいですね。事件の内容は特に問わないです。死刑事件だったとしても、やりたいと思います。日当は安いと思いますが、たとえ無償だったとしてもやると思いますよ。たぶんお金が欲しいというだけでやっている人は少ないと思います。でも、名誉職的な位置づけになってしまうとおかしいと思います。

　名誉職にしてはいけないという意見にとても共感する。お金よりも好奇心が勝つという鎌田さんから法律家に対して注文がついた。

　　　弁護人は、資源が限られていて、その質量に限界があるのは分かっていますが、もう少し分かりやすい言葉を使うとか、努力して欲しいと思います。
　　　検察官は、こちらが出した問いに、すぐに答えられるようにして欲しいと思います。証拠写真のうち、被害者の手袋の写真があったのですが、それがどこに落ちていたのかが分からなかったんです。裁判所の職員さんを通じて聞いてもらったのですが、間をおいてから、「資料がないので分かりません」という答えでした。

　しばしば報じられる警察や検察のずさんな捜査は、必ず裁判員の目に引っかかる。襟を正して臨んでもらいたいと私も願う。そして、裁判員制度については示唆に富む指摘をされた。

裁判所については、裁判員の立場をもっと明確にして欲しいです。ある程度の強制力をもって参加させる制度にしないと、ボランティア精神のある人しか参加しなくなると思います。日本の企業は、中小企業がほとんどで、(裁判員の不利益取り扱い条項に)罰則がないから欠勤扱いにされてしまって……そのあたりをなんとかしないと、リタイアした人や(時間や金銭に)余裕のある人に限定されてしまいます。そうすると(評議での)意見に偏りが出てきてしまうと思います。

　実体験を交えた含蓄のある言葉である。ところで彼は、裁判のあと普通に職場に戻ったと言ったが、現在は転職してタクシー運転手である。

　裁判員をやった1年後に転職したんです。裁判員をやったことと関係がないかと言われれば、関係はあります。大げさですが、信頼関係が崩れたということです。ただ、ほとんどの会社が同じような状況なんじゃないですか。日本では、有給があって残業手当がきちんとつくような会社はどちらかというと少数派であること、そういう現状を裁判所のほうは知っているんだろうか。どんな会社も公休扱いにしてくれるとでも思っているのだろうか……。

　荒ぶる口調に、きっとよほどのことがあったのだろうと想像する。言葉を飲み込み、手元に視線を落とす姿が印象深い。タクシーの運転手は日々、様々な客と出会うことになる。

　裁判員裁判で死刑判決が出たという報道があると、世間話的に話題にすることはあります。でも、自分から言うことはないです。

　今のところ、裁判員候補者や裁判員経験者が客として乗ったことはないそうだ。可能性は極めて低いが、向こう5年のうちに出所した被告人と、乗務員と客として遭遇するかもしれない。

　裁判官から、真面目にがんばれば、(刑期の)10%から20%程度短くなるので、5年よりも早く出てくるという説明がありました。ただ、会う機会があったとしても、上から目線になってしまう気がします。がんばっているか、と

言うのも失礼でしょう。まぁ、どうしているか知りたい気持ちはありますね。出てきたときでも、まだ20代で若いですから、いくらでも人生は続いていきます。今回のことだけで人生が決まってしまうというわけではないと思っています。

少年事件というよりは、若い被告人の事件という認識だったと話す鎌田さんだが、自分と被告人を重ねるような視点を持っていた。

　正直、私自身がグレていて、やんちゃな時代があったので、被告人が犯罪に至った経緯がよく分かるんです。だからこそ、なんでその流れに抗わなかったのか、と思います。

では、被告人になってしまった彼と鎌田さんとの違いは何だったのだろうか。

　なんでしょうかね。身体の大きさなのかな。あくまで経験則ですが、多少腕力があれば、不良グループの中にいても、嫌なことは嫌と言えます。身体の小さい子のほうが、刃物を持ったり、攻撃的だったりすることがあります。でも、(腕力や身体は)望んで手に入れられるものではないから難しいですね。
　ただ、事件より以前に補導されたり、万引きで捕まったりしていて、その段階で軌道修正できる機会があったのに……ゲーム感覚でオヤジ狩り……短絡的な結果ですよね。無計画に悪いことをやるからいけない。まさに少年犯罪ですよね。悪いこともやり方を考えていくうちに、何もしないことがいいんだ、という考えに気づくことが大人への道なんだと思います。

やはり実体験からくる言葉には深みと重みがある。判決時の説諭に込めた思いにあった日本とフィリピン両国の架け橋を被告人が担うとして、やれることがあれば手伝いたいと言う彼は、「裁判員をやったからそう思える気がする」と笑う。

　今回で、司法は身近にはなりましたけど、やはり関わりたくて関われるものではないですから、向こうが近づいてきたということですかね。

（インタビュー日：2013年7月23日）

# いつかは関わる

市川裕樹さん

公判期日
2011年7月4日〜7月21日／千葉地方裁判所

起訴罪名
強姦致死罪ほか

裁判員は語る

## あんた、何したの？！

　裁判員を「是非、やりたい」から「絶対、やりたくない」までの5段階評価にすると、「4くらいでやりたい寄りかな」と笑って答える市川さんは、東京ドームの裾野で毎夜カクテルを振るバーテンダーである。公私ともに信頼を寄せるマスター（店長）と2人で賄う落ち着いたお店は、程よい広さと多彩な客層で賑わいを見せる。

　夕方の開店から忙しく動き回る彼に、裁判所からの通知が来たのは2011年の春だった。都内で働き、都内に住む彼に届いた呼出状は千葉地裁からだった。実家のある千葉県から住民票を移していないだけのことなのだが、裁判所と表示された封筒を見たご両親から「あんた、何したの?!」という連絡を受けて、通知が届いていてことを知ったと苦笑する。

　法律家は、普通の人たちと感覚は一緒なのかな、違う感覚を持っていてもおかしくないなと、分からないところがあって、自分と同じ人間とは思って

いなかったかもしれない。

裁判員をやる前の彼は、裁判や犯罪を「どこか他人事」と感じていたと言う。

　でも、たぶんいつかは、一生に一度くらいは(裁判や犯罪に)関わるような気がしていた。

大胆な予想である。まさか裁判員という形で関わるとは想定していただろうか。

　(呼出状が届いたときは)「あぁ、そうですか」という感じで、びっくりはしませんでした。せっかくだから裁判というものが、どういうふうに行われているのか知るチャンスだと思いましたし、選ばれたら断る理由がないので、精一杯務めようかな、という感じでした。
　今となっては偏見かもしれないけれど、当時、一般の人が裁判(員)なんて本当にできるの？　という風潮でしたから、自信過剰かもしれないけれども、自分だったらできるんじゃないか、そういうことを確かめたいという気持ちもありました。「いや、やれる」という気持ちでした。

仕事中、どんなに忙しくてもクールな表情を崩さない彼の内心をうかがい、いつかくる「一生に一度」が今やってきた意義を探りたい欲求にかられた。「いや、やれる」という自信を証明するために彼は千葉地裁に赴くことになる。

## 外のほうが悶々と

　裁判は2011年7月4日が初公判で、12日に結審、約1週間の評議を経て21日に判決という18日間の長丁場だった。

　マスターには、(裁判員になるかもしれない)可能性はあると話しました。「選ばれたらがんばってやってください」と言われました。でも、こんな長期間になるとは思わなかったと思いますけどね(笑)。それでも、嫌な顔をせずに「お店のことは自分がやるから、気にしないで」と言ってくれました。
　仕事が夜だから、まったくできないわけでもないので、1日おきに休みを頂いて働きました。忙しくない日は、早めにあげてくれたりもしました。あの頃

> は、裁判所に行っていたので、通常と違い朝7時くらいに起きていました。
> マスターには感謝です。きっとあの方も機会があれば裁判員をやるはずです。お互いにそういう人間だと分かり合えているので。そのときは自分がしっかりフォローしますよ。

理解ある職場である。もちろんマスターの人柄、人格によるものだろう。お店が繁盛しているのもうなずける。ただ、1日おきだったとしても、深夜まで働き、翌早朝から裁判というのは、他県の裁判所というのも手伝って体力的には大変だったと思う。

> そのときは、常に頭でいろいろ考えていて、高揚感もあって、気を張っていました。だから、疲れたということは感じていませんでした。肉体的には辛かったかもしれないけれど、職場に出られたというのが気晴らしになったと思います。
> ある意味で、裁判所の中は楽でした。裁判員同士で話し合えて、意見を共有したり、ぶつけたりできる相手がいた。でも、そこを出てしまうと、できなくなってしまう。だから、裁判所の外のほうが自分で悶々と考えてしまうんです。職場で働けるのが気分転換というか、裁判のことばかりにならなくてよかったと思います。

事案は、英国人女性に対する殺人と強姦致死、そして死体遺棄罪で起訴された事件だった。殺意の有無が争われたため、約1週間もの評議時間が設けられ、難しい判断を求められた。被告人が逃亡手記を出版するなど、一言で言うとセンセーショナルな事件の1つである。
しかし、市川さんは意に介していない。

> 裁判が午後5時頃に終わるのですが、マスコミのほとぼりが冷めるまで1時間ほど待機、ということくらいで、他には特に……。

あくまで一事例としてお話をうかがう上ではありがたい。それでは、あらためて順を追って聞いて行こう。

## やっぱりきたか──選任手続

「いつかは関わる」つもりだったとしても、市川さんにとって初めての裁判所。ましてや実家に居たときですら、近寄らなかった県庁所在地、モノレールや川などが入り乱れ、やや雑然とした場所に建つ千葉地裁だ。

> 候補者控室には50人弱くらいきていたかな。なんとなく自分がやることになるかな、という気がしていました。家族も選ばれそうだと言っていました。
> 選任手続は、(手続の)概要をビデオで見せられて、アンケート(当日質問票)を書く段階になって、被告人はこの方ですと発表された途端に空気が変わりました。どこからも声はでなかったけれども、空気が変わった。驚きという反応ではないかと思います。

誰もが「まさか」という表情を浮かべたようだ。辞退をしたい人はその旨を質問票に記入する。

> (辞退希望者は)いたと思います。個別質問は女性が多く受けている印象でした。やりたくない、という意思表示をしている人に多く質問していたのかな、と思いました。

そして、市川さんを含む6名の裁判員と補充裁判員3名全員が男性という合議体が選ばれた。

> やっぱりきたか、という感じですね。マスターと家族にはすぐ連絡しました。この事件だとは思っていなかったので、多少驚きはありました。「やるしかない、やるんだぁ……」そんな気持ちでした。
> 男性ばかりなので、よく記者などに質問されます。偏りはなかったか、と。でも、自分自身では偏っていたという認識はなかったし、客観的には分かりませんとしか言いようがないです。それに、裁判官のほうには女性が一人いましたから。

このケースでは、興味深いことがもう1つある。この選任手続は6月下旬に行われている。初公判は7月4日なので、数日間のタイムラグがある点だ。選任手続の当日にいきなり初公判という性急な運用に、少なからぬ批判を受

けての対処なのだろうか。彼も「なぜかは分かりません」とのことだ。しかし、事件が事件なだけに、裁判員がテレビ・新聞報道やインターネットなどで事件のことを調べるおそれもある。

　　裁判所のほうからは、調べたい心情は分かりますが、それはする必要ないですよ、と言われました。ただ、「するな」とは言われませんでした。あくまで自由です、と。なので、一切調べませんでした。たぶん、他の裁判員も調べた人はいなかったんじゃないですかね。(被告人が出版した)手記を読んだという人も誰一人いなかったです。

　私のときも、同様のことを言われた記憶がある。「あくまで法廷で出された証拠だけで判断してください」と。しかし、市川さんの担当事件も私の担当事件もテレビをつければ連日ワイドショーを賑わせ、スポーツ新聞の見出しを飾り続けるような事件である。嫌でも情報の混入を防ぐのは難しいだろう。裁判所は、諦めたのではなく、裁判員を信用しての対応なのだと信じたい。それに、市川さんにとっては大きな問題ではなかったようだ。

　　公判中の報道も、事件当初のことばかりで、特に真新しいこともなく影響はありませんでした。雑談のネタにするくらいでしたね(笑)。

## 当たり前のようにここにいる──公判

　耳目を集める裁判は、強い日差しが夏を知らせる季節に初公判を迎えた。

　　初入廷は緊張していましたよね。初めてですから、違和感がないということはない。ただ不思議なのは、2回目の入廷から、当たり前のようにここにいる感じだったことです。これは他の裁判員も同じことを言っていました。1回目は、傍聴席の人がみんな(自分を)見ているという違和感だったけれど、2回目以降は、ここ俺の席だから(笑)、みたいな感じ。
　　(法廷)全体を見渡しましたが、最初に目が留まったところは証言台でした。これからここにいろんな人が立って証言して、判断しなければいけないんだな、と。
　　被告人は、どこにでもいそうな普通の青年という印象でした。凶悪犯とまでは行かないですが、人を一人殺害して、逃亡の仕方も何人もの警察から逃

げ果せたという、超人的なイメージがあったので、それからすると、弱そうな普通の人……それまでのイメージとのギャップがありました。スーツは着ていませんでした。ワイシャツ姿でした。

あまり強いイメージを描いていなかった法律家はどうだろう。

　もともと、弁護士というものにイメージがあったわけではなくて、固そうな感じかな。テレビに出てくるような正義感あふれるというような、そんな人はいないだろう、と思っていました。かといって、悪いイメージも持っていない。良くも悪くもない。実際は、人によるのかな。何人かのチームだったので、いろんな人がいるんだなと。特にプラスもマイナスもないのが正直なところです。
　検察官も、本当にテレビのイメージですよね。弁護人と検察官とがやりあっていて「異議あり！」みたいな(笑)。実際には、「異議あり！」は見られなかったんですけどね。

同じチームとしての裁判官はどうだろう。

　どことなく普通の人とは違う感覚かな、と思っていましたが、一緒に評議していくうちにいい意味で普通の人間なんだな、と思いました。(裁判官のうち)一人は、どう見ても遊び人みたいな感じで(笑)、いや、いい意味ですよ。趣味が多彩で、裁判所を一歩出たら趣味に時間を費やしているというスタンスの人で、そういうのはありだなと。自分もそういう人間なので、共感しました。さほど自分たちと変わらないのかな、と思えました。

圧倒的な事件数をこなすことだけが裁判官に求められる価値ではない。このような人間味ある裁判官こそが市民から支持を得る、ということも裁判所には理解してもらいたい。

　あと、適切ではないけれど、眠そうな検察官がいて……本当に眠かったのかどうかは分かりませんが、裁判員全員がその人に注目していました。
　自分たちも実際に、眠くなったらどうしたらよいか、対処法をみんなで話し合いました。自分よりも眠そうな人を見つけてその人を見ていれば、眠気

に負けることはないという結論でした(笑)。

　法壇からの見晴らしは、人の心のスキまでも見逃さないようだ。それにしても、傍聴席でも居眠りは確かに多い。法廷は休憩する場所ではない、と思うが間違いだろうか。

## モヤッとした感じ—補充質問
　市川さんの視点を通じて、公判の折々における興味深い感想を聞いた。

　　公判全体を通して、言葉の意味が理解できないとか、分かりにくいということはなかったですが、そういうことを言っている趣旨が理解できない、というところはありました。「ちょっと待った！」と言いたい場面はけっこうありました。(検察官や弁護人が)どういう趣旨で質問(尋問)しているのか、その都度聞きたいところがありました。
　　どうしても気になるところは、裁判官に聞くこともありましたが、それは裁判官の主観が入った解釈で、それをみんなに伝えるということになります。本当に、検察官や弁護人が言いたかった趣旨かどうかは分からないですから。あくまで裁判官の意見として聞いたことはありましたけれども。

　まったくもって同感である。これを専門家に聞くと「刑事訴訟法上の問題がある」と気のない返事をされてしまう。意図を種明かししてしまうと、戦略上の問題もあるのだろう。「分かりやすい裁判」とのジレンマかもしれない。

　　最終日に、1か所だけぶっ飛んだところがあったのですが、被害者遺族代理人弁護士による陳述です。言葉が悪いですが、パフォーマンス的な感じでした。ちょっとチンプンカンプンで、裁判員の心情に訴えたかったのか分かりませんが……申し訳なかったけど、正直……。
　　被害者遺族自身の意見陳述もありました。お父さんとお母さん両方とも、通訳を介して英語で。全部は覚えていませんが、努めて冷静に振る舞っていました。チープな表現かもしれませんが、すごいな、と。そんなに感情的ではなく、紳士的な対応で、でも、思いがちゃんと、あの場を使ってやれることを、最大限に表現して、思いのたけをぶつけてくれたので、真摯に受け止めなきゃいけないな、と。

日本より遥かに歴史が深く、陪審制度という司法への市民参加が文化として根づいている英国だからこそ、裁判への信頼が厚いのだろう。敬服する。他方で、被害者遺族代理人弁護士のやりすぎもまた制度施行2年(当時)という緒についたばかりの段階ではやむを得ないとも思う。
　その他、証人尋問や被告人質問についても多くを語ってくれた。

　　証人の数はそんなに多くなくて、4、5人くらいだったかな。僕は裁判を通して、他の人が聞かないことや見ないことを見ようとしていたので、他の人の様子を見ながら、聞かないことを聞こう、というスタンスでした。あらかじめ裏で、誰が何を聞こうということは打ち合わせていますし、時間があれば追加で発言させてもらうこともありました。
　　評議のときに、証人にもう一度聞きたいね、ということが多々出てくることに苛立ちを感じました。
　　被告人に対してした補充質問で、覚えているのは、くだらないことかもしれないのですが……犯行時に浴槽をベランダに持って行っているのですが、「以前にも浴槽を動かしたことがある」ということでしたので、「なぜ動かしたのか?」ということを聞きました。「掃除をしたかった」という答えでした。そのときは「本当かな」、と思っていましたが、帰宅後の入浴中に、(浴槽の汚れが)気になると言えば気になるかな、と思ったことがありました。
　　被告人については、どういう質問をしても、全体的に納得のいく答えが返ってくるということがありませんでした。それが判決に結びついている面もあるかもしれません。私たちが、彼の言いたいことを汲み取ることができなかっただけかもしれませんが……。

　そして、公判は終盤の論告求刑と最終弁論に向かう。この求刑において、彼は心の中で胸をなでおろす。

　　(無期懲役という)求刑について、まぁ、そうくるんだろうな、というのと、死刑でなかったことについては、どこかホッとした気持ちが正直ありました。我々が判断する範囲に死刑が含まれないということが確定した瞬間でしたので。
　　弁護人は、殺意が極めて薄く、一貫して殺すつもりはなかったという主張

で、他方、検察側は、明確な殺意があったということでした。
　基本グレーなことで、どちらとも言えないことですが、8、9割(の部分は)証拠品もあったけど、そんなことないだろうと思っても、(やっていない)可能性があれば「疑わしきは罰せず」ですし……。弁護側の主張は、常にそんな感じで、説得力があるわけではないけれども、そういう可能性があるかもね、と思わせるものでした。常にモヤッとした感じで過ごさなければならなかった。

ある意味で、「モヤッと」させたことは「疑いを生じさせた」という意味で価値ある弁護だったとは思う。さりげなく口にした刑事裁判の原則の価値をどう評価できるか、だとも思う。このモヤモヤは評議の場でどのように解消、あるいは結実していくのだろうか。

## 無期と有期の距離——評議

　(刑事裁判の原則に関する説示は)明確にいつあったかは覚えていないですが、「裁判とはこういうものです」みたいな仰々しいものではなく、評議中に折に触れて説明されたという記憶はあります。
　裁判官がすごく気を遣ってくれていて、話しづらいということはなかったです。笑いを混ぜるほどではないけれど、固くなりすぎないように空気を和らげてくれました。みんなで気を遣っていたのかな。
　みんなの意見が、いつも同じだったことはなかったです。ただ、討論に至るほど白熱することもなかったですが。
　裁判官は、まとめ役に徹していて、自分の意見を進んで出してくることはなかったですね。裁判員が脱線すれば、軌道修正をするとかが役割でした。基本は、裁判員全員が話す形で、みんなが一通り話し終わってから、裁判官が話すという形でした。

裁判員裁判を扱う、あるいは扱ったことのある裁判官ならば誰もが一考するポイントだろう。見方によっては、後出しジャンケンのようにも見える。どうやっても、どちらにも転がる危険が潜むこの難所は、やった人の評価だけが頼りだ。

　そうしてくれたのが、ありがたかったし、妥当だと思います。不思議には思いませんでしたよ。先に(裁判官に)言われてしまうと、逆に困るかな。「違

う」と言えるかどうか……先手のほうが、より自由に気兼ねなく言えましたね。いい印象を持ちました。

　あくまで個人の感じ方である。「そうか、こうしていればいいんだ」と安直に考える裁判官がいないことを願う。裁判員は多様だ。
　そして、合議体の量刑判断は無期懲役となった。

　　裁判が始まったときから、そこ(量刑)は考え始めていました。難しいのはもちろん難しい。当たり前ですけど、決めなきゃいけないことです。難しいことだけれども、実際に自分が答えを出すということは難しくはなかった。求刑が無期懲役であり、それが妥当かどうか判断するわけですけれども、そこをマックス(最大)として考えたときに、そこからどれだけ弁護側の言っていることで軽くできるかどうか、弁護側の主張を評価できるかどうかで考えました。
　　軽くしたいという気持ちは、ゼロではないですよね。あるんですけれども、無期から有期は距離がありました。疑問がどんどん出てきて、きりがないという感じで。量刑に関する議論は、1日だけでしたので、(もっと時間があれば)答えが変わらなかったとしても、みんなの考えが近づくに越したことはないと思います。

　少しずつ発言の間が開いていく、顔を歪めながら言葉を探す様子が印象深い。無期懲役という判断は、求刑どおりの判断なのだろうか。何か別な尺度に当てはめた無期懲役なのだろうか。

　　両方ありましたね。求刑を基準に考えはするんですけれども、他の可能性も考えながら裁判に臨んでいたわけで。求刑が無期です、と言われたときに、マックスがそこなんだとホッとしたのは、それまではもっと上にあったので。無期が上限だったけど、自分にとってはそうじゃなかったんですよね。それは、一つの理由です。そして、求刑(無期懲役)についての材料を今回の事件と照らし合わせてみた。分かるけど、分からないところもある。そういうところも含めての無期です。

　禅問答のようだが、その本心は判決言渡し時に見えてくる。

## 一市民としての感覚——判決

　選任手続からまもなく1か月、7月も3分の2を過ぎる頃、「自分ならやれる」という信念を持って裁判所に臨んだ市川さんは、判決公判の法廷にいた。果たしてやりきることはできたのだろうか。

>　（被告人は）大きく表情が変わったということはありませんでした。納得はいっていなかったと思います。
>　自分が判決に込めた思いは、遺族側に対する思いです。無期から（有期に）下がらなかった理由は、そこから下げることによって、死人がまた増えると思ったからです。遺族の方たちの人生は、殺されてしまった被害者がいた頃の人生とは異なってしまっている。それ（被害者の死）を抱えて生きていくことになる。生きながらにして生きているとは言えない人を作ってしまったということ。それは晴れることはないだろうし、そこで求刑より下げてしまったら、たぶん遺族の方たちは、再び殺されるようなものでしょう。被告人にこれ以上罪を重くして欲しくなかったんです。
>　ということが、一番大きなことかな……それは傍から見ると、「情に流されている」と言われるかもしれない。でも、僕はあくまで、一般市民、一市民としての感覚を貫こう、そこに意味があると思ったんです。
>　（そういうことを）他に言う人がいなければ、無視されたり、誤っていると言われたりして、周りから白い目で見られても、自分が声を上げるということが、裁判員に選ばれた理由だと思ったんです。

　普段から冷静な彼の口元からこぼれた熱い思い。まっすぐな視線と芯のある言葉に当否を問うことは愚問だ。初めて聞いた真意に、思わず胸が高鳴った。

## 終わった後の金遣いが——裁判後

　夏の入口を、裁判所（千葉）と職場（東京）そして自宅（千葉寄りの東京）の循環で過ごした市川さん。目まぐるしかった3週間をどう振り返るのだろうか。

>　裁判って、裁判官にしても検察官・弁護士にしても自分と同じ普通の人間がちゃんとやっているんだな、いい印象で安心しました。近くなった気がし

ます。
　　(世の中が)もっと当たり前に認識してくれたらいいな、と思います。いつやることになるかもしれない、その可能性があるということ、自分には関係なくないんだよ、ということをみんなが心のどこかに留めておいたらよいのではないかと思います。
　　一つのことについて、いろんな角度から見ようと自然に思えるようになりました。でも、そればかりしちゃうと、そうすることが必ずしもいいとは限らないので、セーブすることもあります。仕事上、人とお話をすることが多いですが、相手の意見について「そうですよね」と共感した振りをしてしまえばいいのに、逆の視点から意見をして、相手の方は、ムッとはされなくても「なんでそんなこと言われるの？」みたいに思っているかも……と気づいたことがありました。口にするのは気をつけようと思っています(笑)。

　口は災いのもと、とはよく言う。気づいたということは、すでに市川さんが多角的な視点を持ち得る素質を持っていた証左だろう。
　隔日シフトから3週間ぶりに戻った職場はどのように迎えてくれたのか。

　　(公判中)不自然にいたり、いなかったりでしたので、よほど近しいお客さんには(裁判員のことを)言っていました。すごいな、と思ったのは、終わったあとに、感想を求められた記憶がないんです。マスターも含めて、「お疲れさま」とだけ、こそっと言ってくれる人が多くて、それがありがたくて、うれしかったです。
　　最終日は、実家に帰って報告して、親に「どっか連れてって食わして」って十何年ぶりに甘えました(笑)。安心したかったんでしょうね。

　彼が、育ち、そして培ってきた温かい人間関係という財産であろう。財産と言えば、面白いことを言った。

　　なんかすごく覚えているのが、終わった直後の金遣いが荒かったんですよ(笑)。裁判員をやっていたときは、ほとんどお金を使わなかったので、その反動なのかな……。

　後日振込みだが、正味2週間分の少なくない日当分は数日で費消したそう

だ。淡々と当時を振り返るが、ストレスは相当だったのだろう。発散するからこそ、バランスを保てるのは、健全だし自然なことだ。

## 検察官になりたい

　　なんでだろう？　という疑問だらけの事件でした。でも、それを解明するのが仕事ではないので、それを置いておくのが一番辛かったかもしれないですね。どうしても知りたいと思ってしまうし、聞きたいと思う。でもそこは、本来の裁判員という仕事から外れることなんでしょうね。真実を知った上で、解明したいという気持ちは強かったけれど……そういう意味で、検察官になりたいと思いました(笑)。

嘘偽りのない真実を究明するのが、検察官の役割という前提に立ったもっともな意見である。

　　評議や公判でのやりとりを思い出すことはあります。常にではないですが、その後、どうなったかなと。お風呂に入って浴槽を見て、汚れが気になるようになると、被告人はどうしているのかな、と思います。
　　最終的な結論は、見届ける責任があると言えば、あるかな。裁判直後は、控訴審で(判決が)変わったら、「ふざけんな」と思ったかもしれないけれど、今は、結果が覆ったらそれはそれで別にそういうことだと。人が変われば結論が変わるというものだと思っています。

いつか関わることになると思っていた裁判員を、今回経験したことで、複眼を得た市川さんは、今日もいろんな素材をシェイカーで振っている。

（インタビュー日：2013年6月19日）

> とことん考え
> 尽くした結果

Bさん

公判期日
2011年2月24日〜3月15日／東京地方裁判所

起訴罪名
強盗殺人罪

裁判員は語る

## 市民感覚とは
## ズレているな

　東京の小菅にある東京拘置所。公判の準備中または公判中の被告人の他に、死刑囚を収容している刑事施設として名高い。すでに確定した者や再審請求中の者など、決して少なくない死刑囚がそれぞれの日々を送っている。厳然とそびえる東京拘置所がややぼやけて見えるあたり、下町風情が残る商店街の一角に外装の印象を裏切るオシャレで粋な雑貨店がある。そこを一人で切り盛りしている店主がBさんだ。

　奥行きのある店内でお話を聞かせてもらった。のんびりとした雰囲気の静かな店内は彼女の人柄からだろうか。しかし、彼女は私たちには想像できないような重い判断をしたのである。逮捕から公判に至るまで、一貫して黙秘し、無罪を主張し続けた被告人に対して、強盗殺人罪で起訴された事件である。検察官の求刑は、死刑。「死刑か無期か無罪」という極端に振れ幅の大きい内容であった。さらに審理の最中、厳密には評議の最中に東日本大震災という歴史的な災害も発生し、世の中も混乱している中で、「死刑判決」を言い

渡した体験はいったいどんなものだったのだろう。

　図らずも私はこの裁判を初公判から傍聴しており、やはり生まれて初めての「死刑判決」を傍聴席で聞いた。このとてつもなく印象深い裁判を法壇から聞けることはとても貴重なことである。

　　　私は、新聞も読まないし、社会問題には疎いと思います。ただ、テレビの裁判報道などを見ていると殺人事件に対する刑罰が軽いな、と漠然とですけど思っていました。(今の裁判は)**市民感覚とはズレているな**、とも思っていました。だから、裁判員裁判が始まれば、(判決は)もうちょっと私たちの感覚に近づくのかな、と。それで裁判員裁判には興味はありました。通知がきたときも「あぁ、きた！」って。

　裁判所は必読の一言だろう。「できればやりたくない」という人が多いと聞く中で、Bさんは、至ってシンプルに前向きに捉えていた市民の一人だ。だが、まさか究極の判断を迫られることになろうとは、彼女も予想してはいなかっただろう。

## 新たな仕事場——選任手続

　生まれて初めて裁判所に向かったBさんは、霞ヶ関駅から、地上に出て狭い空を囲むビル群を見上げた。「あぁ、税金だな」という言葉が最初に浮かんだという。シニカルなのかシャープな着想なのか分からない。だが事実でもある。この界隈は右を向いても左を向いても我々の税金でできた建物ばかりだ。

　　　決して立派過ぎるとは思わなかったですよ。(入口の)セキュリティもこのご時世では当たり前だと思いましたし。でも、裁判官とランチで行った**法曹会館、あれには驚きました**。あのシャンデリアには……。

　法曹会館は、裁判官が裁判員の心を掴む定番コースである。東京地裁にかぎり、他の裁判員経験者の話でもよく登場する。さて、生まれて初めて裁判所の門をくぐった彼女は、裁判員候補者控室に入った。

　　　見渡すと空席が目立って、けっこう辞退者がいるんだなと。事件の概要を

聞くとさらに辞退者が出て、そこからくじ引きでした。相当ふるいにかけられるんだな、と思いました。
　事件の概要は大きなモニターでテレビのニュースのテロップみたいに流れました。あんまり覚えていませんが、裁判員が関わるのは大きな事件なんだ、と感じました。でも、だからこそ市民が関わる意味があるとも思いました。死刑についての説明もその段階であったと思います。それから、被告人が完全黙秘していることも前もって知らされました。

　安穏と暮らす市民が死刑の辺縁に触れる最初の瞬間だろうか、凍りつく候補者控室を想像する。辞退希望者が増す中で、なおも前向きに取り組もうとする彼女は補充裁判員として選任された。ホワイトボードに貼り出された自分の番号を見て「やっぱり当たった！」と気持ちを隠さない。普段から物静かで穏やかな彼女が内に秘める積極性だろうか。あるいは、そうした気質は、裁判員に選ばれる誰もが生来持ち得ているものなのだろうか。

　選任手続は午後からでしたので、初公判は翌日から。同じ日だったら心の準備が足りなかったので、よかったと思います。他（の事件）がどうなのか分からないので、こういうものなんだと思いました。

　今のところ複数の裁判を務めた裁判員経験者はいないので、誰もが自分が体験した裁判が裁判員裁判のオーソドックスだと思っている。その意味で、裁判員経験者同士の交流は有用なことだと考える。
　そして、公判日程は、2011年2月24日に初公判、東日本大震災を挟んで3月15日の判決公判まで約3週間続いた。

　毎日の予定表はもらいましたけど、全部に出席するとは思っていませんでした。これまでの裁判のイメージから、結論が出るまでに何年もかかるものだと思っていたので。
　仕事は、平日はお店を休みにして、土日開けるということで対応しました。たまたま自由が効く仕事なので。でも、そう考えると限られた人しか参加できないのかな、と思います。

　私自身もたまたま自由が効く仕事だったからなんとかできた。実際、限ら

れた人しか参加できないのが現実である。誰もが参加できる仕組みに転換していかないといけないのは、国の責務ではなかろうか。

さて、「これから、ここがあなたの仕事場です」。選任手続後に行った法廷下見のときに裁判所職員から説明を受けたBさんは、翌日から新たな職場に出勤した。

余談だが、彼女は「インフルエンザや花粉の時期でもあったので、マスクは着けることができました。ただし、帽子は法廷に立つときは取ってください」と言われたそうだ。彼女から聞いてふっと思い出したことがある。この事件を傍聴していたとき、空き時間に他の裁判員裁判をのぞきに行ったら、絵描きのようなベレー帽をかぶった裁判員がいた。裁判体ごとの裁量が幅広く許されているのだろうか。個人的にはマスクも難しいゾーンだと思うが、健康管理の面では致し方ないのかもしれない。

## この人が?! ──公判

> 初入廷はまさにテレビドラマの裁判のシーンですよね。検察官や弁護人もいて、当事者や傍聴人がよく見えて、緊張して、舞台に上がるようでした。私は、補充だったので、少しは緊張緩和されていたとは思いますけど。
> 被告人については、あえて事前報道などを見ないようにしていました。事件の内容のわりには小柄で大人しそうな人物で、イメージがだいぶ違いました。えーっ、この人が?! という感じでした。

傍聴席から見ていた私の印象もまったく一緒である。報道などを通じてモンスター視される多くの被疑者、被告人の現実の姿である。百聞は一見にしかず。この場に足を運んだ人だけが自分の持つ偏見に気づくのかもしれない。

さて、全面的に対立する検察官、そして弁護人の冒頭陳述はどうだろう。

> 検察官は配られた手元の資料を見ながら非常に分かりやすい言葉で説明してくれました。何も問題なくすんなりと入ってきて、困ったことは何もなく素直に聞けました。すんなり入ってきすぎて、後から考えると良かったのかな、と思いました。弁護人からも同じように印刷物を配られたのですが、圧倒的に量が少ない。とてもさっぱりしていて、えっこれだけ? という感じでしたが、分かりやすくゆっくりと話してくれました。裁判官からは、まずは素直に聞くように、と助言がありました。でも、困っちゃいましたよね。どっちの言

うこともよく分かったので。どっちも本当らしく聞こえてしまう。素人だからかな。

対立する双方の意見が、それぞれにすとんと腑に落ちてしまった。彼女は苦笑する一方で、こんなことも言った。

裁判員が関わるということは、プロにこれだけ時間と労力をかけさせているんだなと思いました。プロ同士なら余計な時間をかけなくてもいいのだろうに。

もっともである。願わくはプロが時間と労力をかける目的が被告人のためであって欲しい。では、裁判官の印象はどうだろう。

裁判長は法廷を仕切っている、というオーラがありました。法廷では誰にでもすごく厳しい。証人や被害者遺族に対してもそこまで言わなくても、ということがありました。特に検察官に対して威嚇というか威厳を持って臨んでいましたね。

あくまで個人の感じ方である。私にはごく一般的な紋切型の裁判官に見えたのだが……。人は見た目では分からないものである。

でも、評議室に行くとすごくフランクになるんです。休憩中は私的な話などでおしゃべりをして仲良くなりました。普通の感覚、同じ感覚で話せた。イメージが変わりましたね。それでも事件の内容に入ると空気がピシッと変わる。発言しづらいということはないのですが、裁判官も裁判員も自然に切り替えが上手にできていました。
法廷でのことも、他の裁判官に「裁判長は厳しいですね」って言ったら、少し口調が変わりました。

二面性、いやメリハリがあるということだろう。社会生活においてオンとオフは大事な処世術である。裁判官だって人間だ。

## 疑問点が浮かばない─補充尋問

　ところで、彼女は補充裁判員だったが、裁判長の裁量で裁判官を通して補充尋問（質問）できたそうだ。タイミングとしては主尋問、反対尋問のあとに5分程度の休廷を設け、そのときに法廷裏の合議室において、裁判長が疑問点を募っていたようだ。私が裁判員のときは、そのような時間はなく、主尋問、反対尋問のあとそのまま引き続いて補充尋問が行われたので、ある意味、ぶっつけ本番であった。振り返ると、「自由心証主義」という観点から私はそのことを高く評価している。この裁判を傍聴していて、この5分程度の休廷に違和感を覚えた。

　　どの点を質問するのかについては、けっこう詰めてまとめられました。質問を提案すると、みんなで議論することもあれば、裁判官が「こう言っていたから、その点はクリアだよね」ということもあり、私が挙げた疑問点も、一つは法廷で質問してもらえました。一生懸命考えて疑問点を探す作業でした。
　　検察官の（主張）内容がびっしりとあるので、よほど考えないと疑問点が思い浮かばないんです。どこが大事なポイントかどうか気づけないんです。

　当否は問わない。ただ、傍聴していた側から見ると、休廷から戻ってきたこの合議体からは、ぽつぽつと一つ二つの尋問を繰り出していたにすぎなかった。これに対し、自由に感じたままに尋問（質問）できた私は恵まれていたのかもしれない。
　この裁判では、被告人が完全に黙秘しているということの他に、凶器などの直接証拠が何もなかった。物証の乏しい中で、検察は間接証拠のみを積み上げて有罪を立証しようとしていた。科学的証拠を駆使し、理路整然と間接証拠を羅列する検察官は、最後の被告人質問においても、目を閉じ黙秘する被告人に対して淡々と質問を繰り返した。私にとっては無味な質問ばかりが空を舞う法廷だという印象が強かった。確か、このときの補充尋問はBさんの指摘を受けたからか、裁判長がそれまでにない優しい口調で被告人に問いかけたのだが、「答えたくないようですので、終わりにしましょう」と収めた記憶がある。

## 引っ張られる危険性─評議

　ここからは、評議室での議論を見て行こう。評議室は、裁判員と裁判官9

名が丸い机を囲んで、補充裁判員は脇に横一列に座ったと言う。

>　キャッチボールしながら進めていく感じで、皆さんリラックスして、自分の意見を持って話していました。いろんな人の感覚を持ち寄るということは興味深かったです。裁判官に対しても、最初は遠慮がありましたが、だんだん慣れてきて反論もちゃんとしていました。

補充裁判員は、評決権はないが評議の場で意見を求められることがある。

>　自分の意見や質問がきっかけで議論が進むこともありました。あることについて、みんなが賛成しているときに、私は違うと言えました。そして、それに賛同してくれる人もいました。おしゃべりが得意でないタイプの人の場合には誰かに同意するという形で議論に参加していました。
>　法廷で質問するのは勇気がいる。舞台でセリフを言うような緊張感。みんな譲り合って逃げてしまって、あの席では発言したくないという感じなんです。でも、評議室に行くとほっとして積極的に話せるんですね。

評議の場は、たった一人の少数意見でも丁寧に汲み取る議論だったのだろう。では、裁判長がリードする評議において、刑事裁判の原則はどう作用したのだろうか。

>　選任された段階で、「疑わしきは被告人の利益に」や「黙秘権」、「前科を考慮しない」などの注意点は説明を受けました。その説明は素直に大前提として、話し合いをしていました。少なくとも私はそう思いながらやっていました。
>　（無罪推定の原則に従って）その人が本当にやったのかどうか、その1点だけを考えていきます。間違って有罪にならないように、全身全霊を込めて救おうとしていました。これまでにないくらい一生懸命考えて、毎日疲れきっていました。最初の1週間は帰宅したらベッドに転がり込んで、2時間ほど寝てから家事に手をつけるということが続きました。
>　人ひとりが亡くなったということの意味を毎日考えて、生半可な気持ちにはなれない。分からないことは素直に裁判長の話を聞いて、できる限りの全力を尽くしてことにあたりました。みんなが一生懸命考えていたと思います。

飾らない言葉で率直に語ってくれるBさんの目には力がこもる。究極の選択を目前に控え、高まる緊張感がひしひしと伝わってくる。
　公判では科学的証拠が有罪立証の根拠とされたが、専門的過ぎて素人には難解なものもあったと思う。

> 　DNA鑑定の中身を疑うのは難しいです。（鑑定人への）証人尋問も誰かのものとすり替わっていないということの証明。数字が羅列してある表とグラフ！　ものすごい専門的で、どう正しいのか分からない。こんなことにも関わるんだ、と驚きました。ただ、専門的な知識はないけれども、出された証拠が正しいかどうかをイメージだけでも掴めるように参加しました。
> 　防犯カメラの映像も出てきたときは、自分たちはこんなに写っているんだ、と思いました。そういう誰が見ても疑いようのない証拠の積み重ねでした。人がどう感じるかということではなく、科学的な証拠が出てきている以上、ひっくり返せないんだ、と。だんだんとみんなが確信していく。でも、そうじゃなかったら、この人じゃなかったら、と考えて、みんなで絶対にありえないことも出し合ってみました。でも、残念ながらないね……と。疑いようのない事実を認定していきました。

　とつとつとした口調でもその行間に迷いは感じられない。監視社会と揶揄される防犯カメラの功罪を認めつつも、科学捜査への信認が大前提ということである。
　丹念な事実認定の結論は、有罪。だが、この認定は、「死刑か否か」というさらなる苦悩への入口となる。

> 　死刑の認定基準は、論告求刑のときに検察官から説明がありました。あらためて、評議室でも裁判官から説明されました。
> 　繰り返し確認しながら、いつでも証拠を振り返って、裁判員みんなで資料を見直して、納得するまで丁寧に検証し直して、それでももう1回戻って、ということを何度も確認しました。間違った結論が出ないように、と。

　極めて慎重な姿勢がうかがえる。少なくとも積極的な選択肢ではなかったようだ。それでも最終的な決断をしなければいけないときはくる。

> さんざん時間をかけた結果……それでも不安。みんなと一緒だと安心します。でも、結論は同じでもそれぞれの理由は違うんですよね。

さらに、とても興味深い考察をBさんは披瀝してくれた。

> 評議室の中では、良くも悪くもピラミッドの頂点から力が及んでいる感覚はあります。どうしても（裁判官に）引っ張られるのは仕方がないんじゃないかな。だいたい同じ意見かな、とか、まとめればそういう言い方になるよね、と納得する。「あっ、自分は裁判官と同じ意見なんだ」ということで安心する。
> 最初にそういうスイッチが入ってしまえば、引っ張られる危険性はあると思います。

## これ以上も以下もできない──判決

　2011年3月15日。4日前には日本全体に未曾有の被害を及ぼした東日本大震災が発生した。日本中が混乱する中で迎えた判決公判に、Bさんは正裁判員として法壇の前列に座った。本人の事情で正裁判員に欠員が出て、判決日のみ正裁判員となったのだ。私も間引き運転をする電車を乗り継いで、照明を落とした暗然たる法廷に足を運んだ。

　冒頭、裁判長が「判決理由から述べます。少し長くなりますので、被告人は椅子に座ってください」と述べた。弁護人席、傍聴席から嘆息が聞こえたような気がした。

> やり尽くした感がありました。これ以上も以下もできない。いたしかたない……。最後、被告人から、一言でもいいから声が聞きたかった。

彼女が、最後まで被告人と気持ちを通わせようとする心憂いに触れた。

> でも、感情がここまで伝わらない人っているんだと残念でした。退廷するときに、（被告人を）目で追っていたら、頭をかいていたんです。なんて普通なの！　その辺を散歩しているおじさんと変わらないじゃない！

　脱力する彼女だが、あるいはそのとおりなのかもしれない。その辺にいる普通のおじさん、つまり私のような何の変哲もない人が被告人席に座るので

ある。

## 重いものを背負った—裁判後

　長い判決言渡しを終えて、裁判員経験者となった彼女。私たちには想像し得ない極限の宣告は、それをした人にどれほどの影響を与えるのか。

　　重いものを背負ったということではないですけれど……重いですよね、重いな。
　　裁判員中、事件や裁判の夢を見て、ずっと考え続けて、それくらい全身全霊で考えていました。キャパを超えたら具合が悪くなっていたかも。寝込むほどではないですけれど、食欲もなくなるし、それでもベストは尽くしました。

　場を包む沈黙が言葉では伝わらない部分を補う。本当にギリギリのところでかろうじて正気を保っていたのかもしれない。彼女のどこからそんなエネルギーが湧いてくるのだろうか。

　　家族は支えになりました。家事などもいろいろと手伝ってくれたり、その日あった裁判の話も聞いてくれたりして、それでも全部は言わないし、話したくない。抱えなくてもよいことまで家族に抱えさせる必要はないので、だからそこは自分で抱えています。守秘義務の範囲が分かっていなかったというのもありましたし……。

　支えになる家族でありながら、必要以上には話さないという配慮にある種の覚悟を感じる。最愛の家族に対するジレンマであろう。

　　知り合いから、即刻控訴されたと聞いたときには、がっくりときました。まだ終わっていないんだ、と思いました。あんなに一生懸命考えたのに、結論が違っていたら、と。でも、そのあと、何度でも違う頭で考えてもらって違う結論が出るのはよいこと、と思うようになったんです。1年以上たって冷静になれたんでしょうか。とことん考え尽くすべきで、違う結論になったら、それはそれで受け止めるべきではないかと。

つくづく過ぎゆく時間という効果の大きさに感じ入る。
　当初、テレビのドラマや報道番組を見ながら「刑罰が軽いのではないか」と感じていた気持ちは、今はどうだろう。

　　より詳しく見るようになりました。「何年」が具体的に考えられるようになった。裁判のニュース、ドラマの裁判シーン、注目度が違います。より興味を持って、自分の体験と照らし合わせながら、事件の内容まで掘り下げて考えることができるようになりました。でも、犯人の気持ちまでは分からない。報道で流れる知識だけでは無理です。

　現実の事件に深く関わった実体験から生まれる言葉だろう。そもそもテレビドラマは作り物である。ニュースでも情報の一部しか分からない。

## 知りたいけど怖い

　それでは、振り返ってみて法律家、裁判、そして裁判員制度とBさんとの距離はどのくらい縮まったのだろうか。

　　（裁判官については）それぞれキャラクターがあって生身の人間なんだなと思いました。ニュースで見る裁判官は感情があるの？　と思っていましたが（笑）、流行りのテレビ番組の話をしていたりして、まったく普通の人なんだな、と。
　　弁護人は、裁判員に対する配慮にものすごく時間を割いているな、と思いました。役者さんみたいで、情のこもった最終弁論も、パワーポイントも分かりやすくて良かった。一時は、この人は無罪かもしれない、と思いました。

　彼女がそう評価する最終弁論は、私も非常に心を打たれた。分かりやすく整理した論点を大きな模造紙数枚に書き込み、譜面台に掲げて、ゆっくりと丁寧に論じる手法は、少ない傍聴経験ではあるがひときわ斬新だった。直接主義、口頭主義の一つの帰趨とも言えるだろう。一方で、こんな指摘もあった。

　　疑問なのは黙秘権。必要だとは思うけれど、無罪を主張する裁判で練ってきた作戦が黙秘ということの意味が分からないんです。やっていないなら、

違うということをなぜ言わないのか、感情や言葉を発してくれるのを待っていたのですが……。
　検察官は、刃物のように歯切れのよい物言いで、圧倒的な情報量を駆使していました。いろんな映像がガンッと入ってきてしまったので、そちらに引き寄せられてしまって。弁護士さんは、ちゃんと仕事をしていたのだと思いますけどね。

　刃物のような言葉を「パキパキ」と表現していたのが面白い。実は、この検察官は私が裁判員を務めた公判も担当している。確かに舌鋒鋭い印象で、キレ者検事である。世間は狭いものだ。
　そして、その三者の構図を彼女なりの視点でこう捉える。

　裁判長が威圧感あったので、検察官は、裁判官に戦いを挑んでいる感じでした。弁護人は情に訴え、検察官は糾弾する。それを裁判官が正すといった感じで、それぞれの役割を果たしているように見えました。

　対審構造という日本の正しい司法手続のあり方を素直に理解したようだ。
　判決言渡しのあと、傍聴席にいた私はしばらく席を立てずにいた。まさかこんなに簡単に人の命を奪う刑罰が言い渡されるとは、ゆめゆめ思ってもいなかった。目の前が白んできて白昼夢を見ているかのような感覚に陥った。茫然自失とは、こういうことだろうか。揺るぎない確信とは、一点の曇りもない判断とは、かようにも難しく、その深淵に立ったとき、恐怖心で身がすくむ。

　上級審の行方は、知りたいけど怖いです。でも知らなくちゃいけない。責任感を持たざるを得ないですから。それが自然なことで、もう二度と触れたくないと言う人もいるけれど、濃い3週間でしたからそれで終われない感じなんですよ。もしも、変わらない結論が出ちゃって、最終的に執行されたとしたら、そのときに自分がどう思うか、それはそれで怖いですけど。

　自分には、その恐怖と責任を抱える度量が備わっているだろうか。

（インタビュー日：2013年4月19日）

# 私たちがいる意味

Cさん

公判期日
2012年7月11日〜7月18日／京都地方裁判所

起訴罪名
殺人罪

裁判員は語る

## 選ばれなかったら困る

　京都駅から地下鉄に乗り数分、丸太町の駅を地上に出ると、車が行き交う喧噪にまみれて厳かな京都御所が姿を現わす。そのお堀に沿って歩くと喫茶店や雑貨店が軒を連ねている。やがて近代的な建物が見えてくる。それが京都地裁である。旧庁舎の屋根瓦を前庭にあしらいつつも、一歩中へ入ると他の裁判所と似たような造りのロビーになってしまうのが残念だ。

　言語聴覚士の資格を持つCさんは、2012年の夏、ちょうど海の日を挟んだ5日間を、裁判員として京都地裁で過ごした。普段は医療福祉の専門学校で教鞭をとる先生である。

　事件は夫婦で覚醒剤を施用して夫が妻を絞め殺したという家族内殺人で、事実に争いはない。特徴的なのは、検察側、弁護側双方が心神耗弱を認め、責任能力の程度が争点であったことだ。言語聴覚士であり、喉や声帯を専門とする彼女が、絞殺という事件を担当するという巡り合わせは、単なる偶然だろうか。

　刑法39条(心神喪失者の行為は罰しない、また心神耗弱者の行為は減軽するとい

う規定)を巡る議論もあろうが、それは刑法の専門家に任せるとして、私は知的な目力を持った彼女の話に耳を傾けることにする。

> 3連休を挟んだ5日間でしたので、1週間も仕事を休むことになり、それは長いなと思いました。学校なので、一度振り替えた授業を元に戻すのは簡単ではありません。裁判員に選ばれなかったら困ってしまうな、というのはありました。

奇しくも勤務先では同じ時期に呼出状を受け取った人がいたという。

> 結局、その方は選出されなかったので、私がグループ会社の中で初めてのケースになりました。「裁判員になったら公欠扱い」という就業規則が制定されてから第1号でした。

市民が参加しやすい環境を整える具体策として、勤務先の協力や後押しは欠かせない。裁判員時代に即して、きちんと就業規則から整備している点を高く評価したい。しかし、彼女の担当した裁判が1か月、あるいはそれ以上の日数を要していたらどうなっていただろうか。

## 裏からこっそりと──選任手続

司法や裁判、さらに法曹三者への関心については、次のように言う。

> 大学の一般教養の範囲、もともと特に関心はありませんでした。
> 裁判官は、別世界の人。関わることはないだろうな、と思っていました。検察官は、正直、どんな仕事なのか分からなかった。弁護士は、知り合いが法科大学院に通っていたので親しみはありました。

端的に、簡潔に答えが返ってくるあたりは職業柄だろう。そして、意外な言葉が続いた。

> 以前から(裁判を)傍聴してみたいな、と思っていました。知らないことを知りたい、知らない世界を見てみたい、という気持ちが人一倍強いので。(候補者登録)通知があってから、いろんな本を読んだり、京都弁護士会の死刑廃止

シンポジウムに行ったりして勉強をしました。でも、それは頭の中だけの知識で、自分で体験してみたいという気持ちが強くなっていきました。

「本を読むことが好き」というCさんは、まさに知的好奇心の塊なのだろう。知的な目力の解を得て納得した。それにしても、なぜ「死刑廃止」のシンポジウムなのだろう。

　冤罪とか問題だなとは思っていたけれど、それ以上に、世論調査で死刑賛成が多いというニュースに、それでいいの？　という意識がありました。

では実際に、傍聴に行ったりしたのだろうか。

　いえ、ないですね。ただ、京都地裁の近くにはおしゃれなカフェとかが多いので、付近には行ったことがありますが、裁判所内に足を踏み入れたことはないです。ランドマーク的な位置づけかな。

結局、Cさんにとっては選任手続が初めての裁判所ということになった。

　正面からは入りにくいなと思って、裏からコソコソと入りました。「刑事第○部」とか、慣れない文字がいっぱい並んでいて、（世間とは）空気が違うと思いました。何か違うところにきちゃったかなと。空気が重い。緊張もしていたし、そう感じたのかもしれません。
　候補者控室は、会議室みたいな感じ。前にホワイトボードがあって、テレビがあって、雑誌があって、コーヒーとかお茶とかセルフサービスでいれる。腰の低い係の人が忙しく動き回っていました。
　40人弱くらい、こんなにたくさん候補者の人がいるんだな、と。みんな無言で座っていました。
　あと一つ、イルカとか森の風景とかの環境ビデオが流れていたのが違和感ありました(笑)。

言われて思い出した。今はあるかどうか分からないが、私も見た記憶がある。確かに、違和感があった。

3、4人のグループで(質問手続室に)呼ばれて、「不都合はないですか」みたいなことを一言聞かれただけで、「ないです」と答えて、あれっこれだけ? という感じでした。

　京都地裁に限らないことだが、裁判所の選任手続からは、ややなおざりとした雰囲気が読み取れる。生身の人間相手に機械的な作業ではいずれ通用しなくなると思う。
　ともあれ、ホワイトボードには裁判員と補充裁判員の番号が示されていった。もちろん彼女の番号もそこにはあった。

　職場には迷惑をかけてしまうかもしれない。でも、やりたいという気持ちもあったので、よかったと思いました。

　裁判員という貴重な経験を共にする合議体が出来上がった。しかし、彼女はその合議体に一片の不満があったと言う。評議や事件のこと以外の話題、いわゆる世間話に花が咲くことがなかったそうだ。

　コミュニケーションが深まらないかな、と思って、私としては球を投げていたつもりだったのですが、返ってこなかった。

　無作為で選ばれる者同士、こればかりは当たり外れがある。残念がる彼女だが、「自分で体験してみたい」と思っていた裁判員に選ばれる時点で十分アタリだと思う。

## キャラ立ち──公判

　Cさんは、裁判員5番として、7月11日から3連休を挟み18日までの5日間、裁判所に通うことになった。初めての法廷は彼女の好奇心をどうかきたてたのだろうか。

　視点が違いました。ニュースでは正面からの映像しか見たことがなかったので、それを逆側から見ている。まるで別物に見えました。本当に裁判員をやるんだな、という感じで非常に緊張しました。入廷してまず、傍聴席が目に飛び込んできたのですが、見えているけど、見えていない、というくらい

　　　　緊張していました。傍聴人の数はそれなりに入っていました。
　　　　　どこに、どういう人がいるとか、そういう情報が頭に入ってくる余裕がな
　　　　くて、誰かと目が合ったらどうしよう、と。

　今までに味わったことのない非日常の空間は、誰もが舞い上がる。それで
も、一呼吸置くと徐々に冷静さを取り戻していく。

　　　　被害者の遺族がいました。遺影を持っていたのですぐに分かりました。裁
　　　　判官から、事前に言われていたのですが、実際にそういうのを見ると……
　　　　ぐっときましたね。

　Cさんたちの担当事件は、ホテル内で起きた。被告人と被害者の夫婦が覚
醒剤を施用し、薬物の影響で些細なことから口論になり、被害者である妻の
暴言に、被告人である夫が逆上して妻を殺害した。被害者はすでに致死量の
覚醒剤を使用していた。室内設備のカラオケマイクを叩きつけたときの機材
から出る大きな警告音が鳴り響くような状況の中で発生した。
　まさに一般には想像しがたい非日常の光景である。「自分とは関係のない
世界と感じた」彼女の感覚にはうなずく。被告人の印象はどうだろう。

　　　　本当にこの人？　という感じでした。表情が乏しくて、声が小さい。普通
　　　　に仕事をしたり、妻とケンカをしたりなど活動的な面とギャップがありまし
　　　　た。覚醒剤の影響なのでしょうか。答える言葉も「はい」、「すみません」とい
　　　　うようなことばかりで、本当の姿が見えてきませんでした。
　　　　　全然アウトローな感じがしなくて、あれ？　という感じでした。それに、
　　　　スーツを着ていました。他の裁判員もびっくりしていました。これについて
　　　　は、裁判官が、「スーツを着るのは普通です。犯人然とした印象を持たせない
　　　　ように弁護人が着せています」という説明をしてくれました。

　すべての被告人がスーツを「普通」に着られているかどうかは分からないが、
多くの裁判員に共通する被告人に対するイメージと実際のギャップである。
では、法曹三者にはそうしたギャップがあっただろうか。

　　　　裁判官は、家族の話や喫茶店でマンガを読んでいるとかの話をしてくれ

て、親しみがわきました。そうやって合議室でざっくばらんに話していたかと思ったら、合図が入りいざ入廷となると、法衣を羽織ってキリッと表情が変わるんです。それを受けて、こちらも緊張感が高まります。

このメリハリは、他の裁判員経験者からも比較的支持を得ている。緊張と緩和を適切にコントロールされている安心感だろうか。

　検察官は、ベテランと若手の女性2人、公務員的にシャキシャキ、チャキチャキと理路整然とシステマティックに遂行していました。手元に争点や主張が書かれたメモが配られて、内容も時系列でとても分かりやすかったです。メモ欄まで設けてありました。
　弁護人の冒頭陳述は対照的で、紙の分量が多く、物語のように書いてありました。要点も書いていないそれを読み上げて、けっこう時間がかかりました。検察官と対照的に長かった、という印象が残っています。でも、ノンフィクションを聞いているような感じで、すごく面白かった。頭もモシャモシャで個性的でした(笑)。

とはいえ、裁判員に伝わったのかどうかがポイントだろう。

　なんとなく。検察官の主張に対してどこが違うのかは、分かったと思います。検察官の主張があったから分かったと言えるのかもしれない。他の人(裁判員)の評価は分かりませんが、分かりにくかったという意見は出なかったので。まぁ、こんなもんかなと思いました。

もしかすると、検察官の丁寧な冒頭陳述を逆手にとった弁護人の戦術なのかもしれない。三者それぞれの役割を「キャラ立ち」していたと彼女は表現する。

## へこみました─補充尋問

責任能力の程度という専門家でも意見が割れるような難しい判断。ただでさえ慣れない裁判の場で、法律知識を凌駕した領域を理解することの困難はいかばかりだろうか。

法律用語など、裁判員が分かりにくいだろうな、というところは検察官が言い換えたり、裁判官が確認してくれたりして、いろいろと先回りして噛み砕いてくれました。裁判員用にトレーニングされているのかなと思いました。
　　　私は、精神鑑定のドクターに、心神耗弱について、「『感覚入力』が高まったときに、何かしらの反応が起こるのか？」と質問しました。大きな音がして、聴覚という感覚刺激が強く知覚されたとき、それが覚醒剤の作用に影響するのではないか、と疑問でしたので。
　　　（自分で）シミュレーションをしていて、「音」というところにひっかかったんです。カラオケの警告音が鳴り響いていたときに殺人が起きていて、覚醒剤が効いているときに、それだけの大きい音が与える影響は少なからずあるんじゃないか、と思ったんです。

　Ｃさんの持つ専門性が成せる着眼点で、そういった市井の多様な視点や感性を持ち寄ることができるのが裁判員制度の特長である。ところが、裁判の肝になるはずのポイントを、証人は無下にもいなしてしまった。

　　　素人が何言うんだ？　という感じで、「それはないです」って言われただけで……へこみました。これだと他の人が質問しづらいだろうな、と思いました。精神鑑定の部分は、すごく大事なところだと思っていたのですが、もっと配慮が欲しかったですね。

　裁判員時代になって、法律家が居住いを正す様子は、じわりと広がってきた。他方で、証人となる医師などが、専門家然としているのはいただけない。彼らもまた、自らの姿勢を顧みる必要性があろう。

　　　どこが分からないのか、どこがぼんやりしているのかが「分からない」から「なんとなく分かった」というのを繰り返していくことで、ちょっとずつはっきりしてきたかな。

　へこたれない気概で、彼女なりに咀嚼していった。そして、評議の場でもその類稀なスキルを存分に発揮した。

# それは違うんじゃないか──評議

　　被害者は甲状軟骨の一部が折れていました。仕事柄、解剖学の知識があるので、相当強い力が加わったというのが分かりました。裁判官も詳しくはなかったようなので、裁判長の了解を得てから解剖学の図版をコピーして、評議室で配り、いろんな可能性を検討しました。裁判官も「そうだったんですか！」という感じでした。

Cさんが同じ合議体にいたら、とても頼りになる存在だろう。さらに、彼女の専門家然としない所作が、より信頼度を高めたのだろう。

　　警察のやった実況見分（の調書）も、現場に残っていることと違っているな、と疑問に思いました。そういう事実を積み重ねるプロセスが面白かったです。

医療の世界に身を置く彼女らしい論理的な思考に感嘆する。しかし、ややとっつきにくい合議体の中で、議論は成立したのだろうか。

　　話しやすい、とは言い切れないけれど、重い中でも話合いはしていました。最初から意見を何も変えない人もいて、なかなか……もう少し議論を活発にしたかった、という思いは残っています。もうちょっといろんな話がしたかったですね。
　　裁判長が上手に話を振って、（意見を）引き出してくれて、発言が偏ることはありませんでした。逆に外れた意見で、議論が活発化することもありました。

日本人の気質が討論に馴染まないのか、彼女の心労を察する。意見を言いやすい雰囲気の醸成は、裁判官にとっての努力義務だと思うが、いかがだろうか。

　　若手の裁判官が、別の女性裁判官に、「それは違うんじゃないか？」と反論していました。でもそれは、あえてそうして議論を活発化させようとしていたのかな、と思いました。裁判官もバラバラの意見を出していて、結局、いい方向になったのかなと思います。

## バランスの問題──量刑〜判決

　ところで、裁判の争点は責任能力の程度であり、量刑の問題となる。そこにおいても重要な「刑事裁判の原則」はきちんと説示されていただろうか。

>　あったと思います。何回かあったような気もするけど、大事なこと、というような記憶が残っていなくて、さらっとしか頭に入っていない程度だったと思います。言葉は知っていたけれど、きちんと意味が分かっていませんでした。大事なんだ、というところを認識させてもらっていたら、（公判への）臨み方は違っていたと思うし、もう少し違った議論になったかなとも思います。

　大事なことは、相手に理解されていなければ意味がない、ということが、本書を通じて裁判官に伝われば幸いだ。
　さて、量刑検索システムの示した数字は10年。合議体の出した結論も10年となった。検察官の求刑15年をはるかに下回る結論だ。しかし、その10年は量刑検索システムの結果にそのまま従った10年ではなかった。そこには、他ならぬCさんの煩悶が伏在していた。

>　ちょうど連休を挟んでいたので、（熟考する）いい機会でした。データベース（量刑検索システム）そのままでは、私たちのいる意味がないなと、これは私の思いだけれども、1年の重さ、長さを考え始めたんです。
>　量刑について、データで決めるんじゃなくて、私たちがいる意味をもっと考えてもいいんじゃないかな、精神鑑定だけなら裁判員のいる意味って何なのかな、と思ったんです。システマティックではなく人間が考える意味、鑑定医がいて判断できるのなら裁判員はいらない。とか、そんなようなことをいろいろ考えました。明確な答えは見つからなかったけれども……。

　硬直した刑事裁判という楼閣の中に、市井の風を送り込む、この制度のダイナミズムではなかろうか。Cさんのような経験者に会う度に、今はかすかな作用でも、やがて大きな化学反応を起こすと確信するようになっている。

>　裁判官が「バランスの問題」ということを言いました。殺人に対する量刑の平均が10年だったのが、裁判員が入って20年になってしまうと、これまでの量刑とバランスがとれない。でも、半年や1年という差は、今後につなげてい

く意味はあるんじゃないか、そういうことを言ってくれました。「データどおりに決めるのは違うんじゃないか」と自分の思いを表出して、裁判官と話ができたので、最終的に納得しました。

　結局、結果は変わらない。だが、その中身が違った。彼女の気持ちをきちんと受けとめた裁判官に「座布団一枚」だ。かくして、Cさんたちの合議体は、懲役10年という結論を携えて、被告人に判決の言渡しを行うことになった。

　　判決言渡しそのものは淡々としたものでしたが、最後に裁判長が被告人に、「これから、一生懸命生きなさい」というような声かけをしたのを聞いて、胸が熱くなりました。議論を尽くして、結果が出て、私たちの気持ちが裁判長の言葉に表れたことで、その過程がちょっとでも表に出たという感じでした。別々に離れていたものが、そこにいるみんなが、つながったような感じがしました。
　　ただ、被害者遺族の人たちは不本意だったと思います。（公判では）被害者のご親族が涙ながらに意見陳述をしましたが、みんな冷静に聞いていて、あまり影響は受けませんでした。

　被害者もしくは、被害者ご遺族の意見陳述には、多くの裁判員や裁判官が心を揺さぶられている。今回の場合、事件発生の状況が状況だけに、Cさんたちは冷静な姿勢を持ち得たのだろうか。
　ベルトコンベア式の議論に安易に乗らず、あえて立ち止まって悩んだ思いは、被告人に届いたのか。

　　相変わらず無表情でした。伝わっていないんじゃないかな、正直、そのときの被告人がどこまで理解できているのか疑問です。（薬物の）常習性がある人なので。

　薬物の影響を引くあたりが思慮深い。それでも「1年」という数字にこだわり、徹底して考え抜いたことは、とても意義の有ることだと敬服する。「ずーっと考えて、濃かった」と深みのある濃さを体感した彼女は裁判員経験者となったのだが、今度は別なことで悩み、考えることとなった。

# 市民になんなきゃ──裁判後

　勤め先から、「(裁判が)終わったら話してね、講演会を開かないとね」なんて言われていたのですが、戻ってみるとピタッと誰も触れなくなっちゃいました。「話しちゃいけないんでしょ」、「えー、話していいの?」という感じで、触れちゃいけないと思われていて、今もずっと話ができないでいます。非常に孤独を感じています。母からも、「あなた変わっているわね」と。変わり者扱いです。触れてこないから自分も話さない。反応が悪いので話さなくなる……。

裁判員経験者が必ず最初にぶつかる壁、守秘義務の問題である。この見えない壁、正確には見えにくい壁について、Cさんはこう分析する。

　守秘義務は大事だと思いますけど、曖昧だし、予防線を張っているような感じなので、そういうところの影響でしょうか。話せないようにしているのは、制度と社会の問題です。その結果、全然知られていないのかな、と思います。だから、身近な感じがしないのだろうと思います。まだまだ特殊な世界なのかな。
　具体的に、これはいいです、だめです、みたいなものがあるといいなと思います。何もないから自己規制してしまい、せっかくの経験を個人的なものとして、しまいこんで終わってしまっている。話すことで、裁判への理解やそれに対する議論も広がりが出るのに、もっと社会に還元していけるようにならないといけないと思います。

今はこうして裁判員経験者同士の交流機会を得て、表現する言葉を手に入れた。

　視野がとても広がりました。自分で体験したことは、理解の仕方が全然違う。立場を考えられるようになりました。被害者の立場で考えてしまいがちですが、被告人の立場や司法の役割を考えるようになった。私たちは、法律で守られている、ということを実感できました。

さらに、「市民」としての自覚にも話は及ぶ。

今までは、自分が市民というよりも、大衆という意識でした。市民という立場で関われたという実感があって、市民になんなきゃな、と思うようになったんです。今まで、国や政府で決められた物事を受動的な立場で言われたままにやってきて、問題意識も感じずに半径が狭い中で生きてきたことに気づきました。これからは、一市民として能動的にいろんなことに関わっていかなきゃ、ということを実感しました。

　裁判員制度に参加したことにより、市民としての役割を見い出したようだ。やはり体験的なものは強い。

　　家族内の出来事で、覚醒剤が入ったところは特殊だったけど、人間臭い中での殺人で、身の回りにあるような事件。いつ自分がその立場になるか分からないな、ということを思いました。

　公判当初は「関係のない世界」だった出来事が、自分にも起こり得ると思えるようになったのは、真剣に考えたからこそ芽生える感性だと思う。そして、犯罪被害者保護の脆弱性にも鋭い指摘が入る。

　　（仕事柄）病気で障害になる方や、それ以外の社会的弱者の方にも関わってきたので、殺人に至るまでに止められる方法があったんじゃないか、と考えます。被害者が殺され損みたいなのがあって、補償のお金も出ない、あれだけプライバシーをさらけ出されて、ということも問題だと思います。
　　実は、毎日の通勤電車から、被害者の搬送された病院が見えるんです。誰にも言えないけれど、日々思い出します。もやもやしたような、何とも言えない……心理的な負担なのかもしれない。小さなことですが、消化できていないんだなって。心のケアも充実して欲しいですね。

## 本音のところ

　最後に、法律家や司法制度についても、いくつか注文がついた。

　　（法律三者については）それぞれがそれぞれの部分で、きちんと仕事をやっているとは思いました。でも、この制度について、本音のところはどう思って

いるのかを聞いてみたかったです。裁判員制度のおかげで仕事が増えているだろうし、それを上回るプラスがあるのかな？　私たちが参加していることで良いことがあるのかな？　税金も労力もかけてやっていることだから、裁判員が関わっていることの意味。どういう意味があるのかな、ということが知りたいです。
　それに、可視化の問題。私が担当した裁判では、京都で初めて取調べ中の録音テープが証拠申請されて、傍聴席に検察の偉い人たちがたくさん座っていたのですが、結局採用されませんでした。取調べ中の被告人と、法廷での彼の違いを知りたかったので、採用されなかったのは残念でした。不採用が決まると検察の偉い人たちもいなくなってしまいました。取調べの部分は、ブラックボックスですよね。もっと透明であるべきだと思います。
　制度改正（論議）についても、プロの人だけでやっているので、裁判員経験者は置いてけぼり感があります。

　非の打ちどころのない正論である。付け加えるなら、被害者等参加制度の問題もあるだろう。これだけ論理的で具体的な課題点が提起されているのだ、司法、そして為政者は真摯に受け止めるべきである。
　言語聴覚士として、高次機能障害や失語症、嚥下障害などを抱える方々に寄り添い、人間的なコミュニケーションを大切にしてきたCさんだからこそ、機械的に判断することに異を唱え、見た目は同じでも中身の詰まった判決を導き出せたのではないだろうか。
　40代の被告人が過ごす10年間のどこかで、彼女の思いがわずかでも届くことを願う。知的好奇心の人一倍強い彼女が体感した非日常は、実体験だからこそ掴み得た新しい世界と、生々しい痛みとして刻まれたようだ。それでも、知性のあふれる瞳で、こう抱負を語った。

　**言語聴覚士として、目の前の患者さんのケアだけではなくて、裁判員を経験したことで、何かを発信したり、関わったりしていけることを考えたいと思いました。役割を活かせたらと思います。**

広がったぶんの思考と行動の半径は、やがて大きな遠心力を生みだすに違いない。

（インタビュー日：2013年6月4日）

# フェイスタオルの大学生

米澤敏靖さん

公判期日
2011年6月2日〜6月17日／横浜地方裁判所

起訴罪名
殺人罪

裁判員は語る

## 何でもやってみたい年頃

「主文、被告人を死刑に処する。今から判決理由を述べます。長くなるので被告人は椅子に座って聞いてください」。

2011年6月17日、私は梅雨空の広がる横浜地裁で、人生2度目の死刑判決を聞いた。初めて聞いた死刑判決からわずか3か月後のことだった。「主文後回し」という死刑判決の通例がとられないという点でもインパクトの強い死刑宣告であった。決して好んで死刑判決の裁判員裁判を傍聴しているわけではないが、自宅から2時間近くかけて横浜地裁まで足を運ぶだけの価値ある裁判だった。

東日本大震災の影響で、照明を落とし空調もつけずに節電に励んでいた101号法廷は、横浜地裁で一番大きな法廷だそうだ。ただでさえ重苦しい法廷に、人いきれでムッとした空気が立ち込める中、連日フェイスタオルを片手に入廷し、首筋や額の汗をしきりに拭う裁判員に私の目は留まった。「ずいぶん若いな」。それが気になった点である。その若い裁判員が、当時大学3年生だった米澤さんである。

法学部ではないですが、テレビや新聞などで(裁判員制度の)名前くらいは知っていました。ただ、自分には関係のないことだと思っていました。どうせ選ばれないんだから、行ってみようと思って選任手続に行きました。何でもやってみたいと思って行ってみたら、選ばれてしまったんです。

　そう苦笑する米澤さんだが、実は家庭裁判所(横浜家裁横須賀支部)にはお世話になったことがあると言う。

　　　免許取りたての18歳のときに、スピード違反で呼び出しを受けました。未成年だったので、保護観察処分3か月でした。そのときは、会議室みたいなところで、裁判官はスーツ姿で普通のおじさんに見えました。テレビで見るのとは違うな、と。

　若気の至りか、今でも十分若い。それから4年後に、選任手続で訪れた横浜地裁こそが「イメージしていた裁判所だ」と納得したそうだ。しかし、まさか選ばれて極刑を判断することになるとは、本人も予想していない出来事だったに違いない。被告人のことを「さん」付けで呼ぶ彼の内心を覗いてみたい。

## なんでお前なんだ──選任手続

　候補者登録通知をご両親と住む自宅で受け取った際、米澤さんは封も開けずに放っておいたという。

　　　名前が父親と1字違いなので、父に届いたものだと思っていました。だから、(自分宛てと知ったとき)びっくりしました。父も父で、自分に届いたものだと思っていたので、「なんで、俺じゃなくてお前なんだ」とぼやいていました。やりたかったみたいですね(笑)。
　　　学校には、選ばれてから電話をしました。いい機会だからやってみたら、と言われました。学校として、学生が裁判員に選ばれたら、みたいな決まりは特になかったです。ただ、授業の資料は後からもらえたし、テストも後から受けさせてもらえたので影響はありませんでした。

学生という立場は裁判員を辞退できる理由となるのだが、「とりあえず何でもやってみる」と若者らしい姿勢で裁判所に足を向けたそうだ。
　異国情緒の漂う町並みに建つ横浜地裁は、歴史を思わせるレンガ造りの旧庁舎側と、近代的な面持ちの新庁舎側の2つの出入口がある。個人的には、旧庁舎側のほうが趣きあって好みなのだが、一般的には新庁舎側を「表」と呼ぶらしい。梅雨入り間近の6月1日、彼は選任手続のため、その「表」側から裁判所に入った。

　　（候補者控室は）会議室を2つくっつけたような感じで、けっこう広い部屋でした。100席くらいありましたが、きていない人もいました。裁判官から、事件が発生した場所と事件内容のざっくりとした説明があり、こんな事件があったんだ、と思いました。その場で初めて知りました。5人くらいずつ呼ばれて、「公平な判断ができるか」みたいな質問を受けました。死刑については何も聞かれませんでした。けっこう淡々と終わってしまって5分もかからなかったです。待ち時間のほうが長かったので、法廷の見学をさせてもらいました。そのときに「テレビで見る法廷はこれだ！」と思いました。
　　全員が質問を受けたので、それだけで午前中いっぱいかかりました。抽選（選定手続）は午後いちでした。みんな（候補者）の前にパソコンを置いて抽選しました。自分の番号が出て「当たっちゃったよ！」と。「当たり」だったのかな……ただただびっくりで……そこ（選任手続）で終わるんだろうな、と思っていたので想定外でした。

　確かに、当たりかどうかは人による。それよりも、選定手続をきちんと候補者の前で行うところが誠実だと横浜地裁を評価したい。かくして6名の裁判員と、3名の補充裁判員が選ばれた。もちろん米澤さんが最年少だ。

　　評議室に行って、翌日（初公判）からの流れなど、説明と自己紹介をしました。名前とちょっとした一言を紹介しました。どこからきたとか、趣味とかを全員が話しました。裁判長からの提案だったのですが、誰も嫌がる人はいませんでした。
　　「公平に判断してください」とか、「そんなに気張らずに安心してください」みたいなことを言われました。刑事裁判の原則は説明されたかどうか記憶にないです。（客観的な）事実については認めていて、争点は殺意の有無でした

ので……。

　記憶にないだけで、きちんと説示されているものと願いたい。たとえ客観的事実に争いがなくとも、疑わしきは被告人の利益にするのが刑事裁判の原則だ。

　　死刑に関わるかもしれないことは「あり得るかな」、という程度で頭の片隅にありました。裁判員同士で、プライベートな話は雑談でしましたけど、裁判の内容やそのこと(死刑)は、話題になりませんでした。なんかちょっとしないようにしていたのかな、と思います。

　雑談とは言え、避けたい話題だったのだろうか。ところで、学生であることを自己紹介で話した彼は、相当突っ込まれたそうだ。

　　みんなに、「なんで辞退しなかったの？」と聞かれました。「やってみたいと思ったものの、まさか選ばれるとは思っていなかったので」と答えました。そしたら、「まぁ、がんばろう！」と言われました。褒められることはなかったです。

　もしかしたら、目上の方々は「あり得る」よりももっと実感があったのかもしれない。まだ若くて未来ある彼に対して、死刑に関わるかもしれない裁判に参加することを、単純に褒めることはできなかったのかもしれない。

　　その日、自宅に帰って親に報告をしたら、「あんたにできるの？」と母に言われました。父は「なんで選ばれるんだ、なんでお前なんだ」と、完全に嫉妬ですね(笑)。母の言葉を聞いた瞬間、心に火がつきました。「やってやろうじゃないか！　やりきってやる！」と。

　親への反抗心は正常なことである。彼のようにプラス方向に作用させることがどんなに難しいことか……とにかく健全な家族のようだ。健全と言えば、翌日から裁判所に通うことになった彼は、約1時間かけて横浜地裁に通うことについてこう話す。

あんまり決まった時間にどこかへ行くということがなかったので、規則正しい生活になって逆に体調はよかったです。

## 見えているんですけど――公判

　事件は、住宅街のアパートで起きた。被告人と同じアパートに住むご夫婦とその兄である大家さんの3人が殺害された。主な原因はドアの開閉音、洗濯機の音など日常的な生活音に端を発した近隣トラブルの果てだった。被害者が無造作に出す音に耐えられなくなった被告人は、その日とうとう凶行に及んでしまった。遠因はいろいろとあるが、犯行事実はすべて認めていた。
　2011年6月2日の初公判を皮切りに、米澤さんの濃い2週間が始まった。私も傍聴人として、小雨がぱらつく中、旧庁舎側から横浜地裁に入った。

　　　（裁判官から）注目されている事件なので、傍聴人の数が多いと言われました。節電のため法廷は蒸すから具合が悪くなったら言ってくださいとも言われました。確かに暑かったですが、気分が悪くなるほどではなかったです。あと、被害者（等）参加制度の利用があるので、ご遺族が法廷にいるという説明もありました。（ご遺族について）特に注意点はなかったです。

　このご遺族の存在が後々大きなインパクトになるとは、この時点の彼に気づくすべはない。

　　　初入廷は気持ちよかったです。皆さんこちらに目を向けていたので、でも（傍聴席に）かなり人がいたので、すごいことを引き受けたんだな、と思いました。被告人は、そこら辺にいる普通のおじさんという感じでした。本当に普通の人に見えたので、本当に（3人も）殺したのかな、と思いました。

　初入廷に緊張はなく、むしろ気持ち良かったという言葉が彼の将来を楽しみにさせる。では、「ちょっとお堅いイメージで近寄りがたい」と言う検察官、弁護人の印象はどうだろう。

　　　検察官は、実際もけっこう固い感じでした。まず、言葉が難しかったです。まぁ僕が未熟だったのかもしれないですけれど、大学の授業みたいでした。分からないところは、裁判官に聞いて教えてもらいました。1回では理解

できなかったですね。資料もいろいろともらいましたけど、何度も読み返して自分なりに理解していきました。
　弁護人は、事件の内容からすると言っていることがムチャクチャでした。いかに死刑を回避するか、ということで語りかけてくるのですが、無理があるな、と。ただ、言っていることは検察官より分かりやすかったです。最後まで優しい言葉づかいで語りかけてくるというか、無罪じゃないですけど、無期懲役に持っていこうとする……心をついてくるという語り口でした。

　率直な印象を飾らない言葉で語るも甲乙つけがたい第一印象だったようだ。そして、家庭裁判所で「普通のおじさん」と感じた裁判官はどうだったのだろう。

　いい意味でイメージが崩れました。固い人だと思っていたら、けっこうユーモアもあって、プライベートな話もしました。お昼休みには一緒に弁当を買いに行ったり、評議室で一緒に食べたりしました。食べながら他愛もない話をして、身近な存在になりました。

　先入観はくつがえり、記憶どおりの「普通のおじさん」だったようだ。公判期間中、中間評議などはなかったと言うが、インターネットなどで調べたりしたのだろうか。

　調べませんでした。裁判の中で一つひとつ知っていったほうがいい考え方ができるんじゃないか、と思っていましたし、けっこう精神的に疲れるんで、家に帰ってもすぐに寝ていました。裁判所のほうからは特にその点の注意はありませんでした。

　彼の真摯な姿勢に頭が下がった。精神的な疲れに「もうぐっすり」と、思い悩むよりもよく食べ、よく寝るという極めて健全な対処法は、単純そうで誰にでも真似できることではないと思う。しかし、そんな大物を予感させる米澤さんに、強烈な印象と動揺を与えたのが被害者のご遺族であった。

　実際に家族を殺されてみないと分からないのかもしれないけれど、感情が高ぶるというんでしょうか……被告人質問のときとか、一言ひとことに対し

てテーブルを叩いたり、資料を丸めて(遮蔽されている壁に)投げつけたりして、相当憎んでいるんだなと感じました。

　ご遺族の様子は、私の傍聴ノートにも記録がある。その峻烈な被害感情は嗚咽を通り越して、悲鳴に近い形で表出されていた。ご遺族は、検察官席の後方に設置されたスペースに座っていたが、遮蔽措置により傍聴席からは見えなかった。そして、その場所は、法壇に座る米澤さんの真正面にあたった。彼とその隣の裁判員の2人だけが公判中の被害者ご遺族の慟哭を目にし続けた。

　　(初入廷して)座ってみたら目の前にご遺族がいて、実は、ご遺体の写真(映像)を見るのはキツかったのですが、自分の席が遺族の目の前なので、見ないわけにもいかず……遺体を見るなんて普段ないことなので、チラチラとだけ見ました。
　　(ご遺族の言動は)最初のうちはそういうものかな、と思っていたのですが、裁判が進んでいくうち徐々に……中立の立場で、とは言われましたけど、僕のところからは見えてしまうので、公平性に欠けるんじゃないかと思いました。
　　他の裁判員は、声は聞こえたと言うけれども、実際の熾烈な行動は見えていないし、裁判官もあまり気にしていなかったようです。評議室で、「見えているんですけど」と話したんですが、「しょうがないね」と言われてそれっきりでした。どうせ遮蔽にするのなら、裁判員からも見えないように完全に仕切って欲しかったですね。

　あるいは、開廷のたびに裁判員の席替えをするなどが考えられるだろうか。同じ法廷に居た者として、率直に言ってあの状況が気にならないわけがない。遮蔽壁の向こうから聞こえてくる声と音は、度々法廷を凍らせた。そして、その度にしたり顔をしていた検察官の横顔が私には忘れられない。
　他方で、被告人には情状証人が何人か証言台に立った。

　　被告人を支援している方々で、行きつけのカラオケスナックのママとかでした。(被告人の)生活環境や人間関係が分かりました。なんで、そういう頼れる人がいたのに、相談とかできなかったのかな、こんなことになっちゃっ

たのかなという思いはあります。殺人とか起こす人は、一人で考え込んでしまって追いつめられた末に起こすものだと思っていたので、これだけ支えてくれる人がいるのに、と。

確かに、地縁というものを強く感じる証人尋問だった。提出された30筆余の嘆願書には、被告人に寛大な判断を、という旨が記されていた。

## 寝込みを襲う──補充質問～求刑

公判も中盤を過ぎた頃、2日間に分けて被告人質問が行われた。弁護人、検察官による主質問、反対質問の後、被害者遺族代理人弁護士が被告人に質問をぶつけた。その後、裁判所からの質問が仔細にわたって被告人に投げかけられた。その中で、米澤さんの質問はひときわ私の印象に残った。

　　　被告人に、(被害者の)寝込みを襲ったのはどう思いますか？　と尋ねました。「卑怯なことだと思う」という答えでした。卑怯なことをしてまで殺したのは、相当悩んでいたんだなと思いました。それだけ(殺すことに)強い思いがあった、それは殺意につながりますよね。

フェイスタオルを手に、鋭い質問をする若い裁判員に舌を巻いた。そして公判の終盤では、被害者(遺族)意見陳述に丸1日を費やした。

　　　被害者(遺族)意見陳述は、(被害者の)お孫さんまで引き連れて一家総出でした。

総勢8名と代読1名分の被害感情、処罰感情の凄まじさは、その日の法廷を暗然たる空気で包んだ。激情のこもった異口同音の「極刑！」、「死刑！」を被告人と弁護人は一身に浴びていた。私には、米澤さんも指摘する孫(当時16歳)の高校生までもが「犯人(被告人)は、消えてください」と発言したことが衝撃的だった。裁判員制度に先行して導入された被害者等参加制度だが、あらためて一考の余地はあるのではないだろうか。

さて、翌日の論告求刑と最終弁論を米澤さんはどのように受け止めたのだろうか。

個人的には(死刑を)予想していました。他の人(裁判員)がどうだったかは分からないです。検察官からもらった資料にも求刑のところは空欄になっていました。実際に、死刑求刑されたときは、「やっぱりか」という感じでしたね。直後の評議室で、話した人はみんな「やっぱりこうなるよね」と話していました。

一方、弁護人による最終弁論についてはこう話す。

　　　言い方は心をついてくるけれども、言っている内容は無理があるんじゃないかなと思いました。ムチャクチャなことを言っているという見方が多かったです。

被害者ご遺族への配慮を欠かさないように、細心の注意を払った丁寧な言葉づかいで、汗だくになりながら一生懸命に最終弁論をする弁護人の後ろ姿に、私は激しく心を揺さぶられた。続く被告人の最終陳述では、亡くなった被害者とそのご遺族への謝罪と、「極刑を覚悟しています」という言葉が述べられ、公判は結審した。

## 主文を先に──評議〜判決

客観的な事実には争いがないため、評議での争点は殺意を吟味したうえで量刑判断の一点のみとなる。しかし、それは究極の判断に直結する入口でもあった。

　　　最初のほう(公判中)は、和気あいあいというほどではなかったですが、けっこう話しやすかったです。でも、求刑が出てから、死刑になり得るという状況になって、口数が少なくなっていった印象があります。求刑前は、活発に意見を言いあったりしていたのですが、そういう実感が広まってきて段々と(発言が)減ってきた……。

予想していたとしても、まだ漠然としたイメージに過ぎなかった「死刑」というものが、実際に言葉で聞くことで少しずつ実感に変わっていくのだろうか。

　　　裁判官は(求刑後も)あまり変わらずで、判断するポイントを噛み砕いて分か

りやすく説明していました。裁判官にとっては、当たり前でも、僕らにとっては分からないこともあるので、そういうところを説明してくれました。裁判官というよりも、全員が裁判員みたいな感じで、特に裁判官としては見ていませんでした。一つのグループ、仲間でしたね。
　他の裁判員は、海外で仕事をしている人や、(今の)僕とまったく違う分野の仕事の人もいて、年齢層も様々でした。60代の人と20代の僕を比べると知識の量や経験も違うし、いろいろと勉強になったし助けてもらいました。
　若干考え方の違う人はいましたが、あぁ、そういう考え方もあるのかと捉えていました。だから、意見が違う、というふうには思いませんでした。火花が散ることもなかったし、基本は受け身の姿勢でした。でも、言いたいことは全部言えました。

多様な意見、多角的な視点、それら一つひとつが米澤さんにとって貴重な刺激となったようだ。さて、量刑判断にあたり、いくつかポイントになる部分があるが、まず量刑検索システムはどうだったのだろう。

　裁判官がパソコンで、いろいろ条件を変えて検索してくれて見せてもらいました。どんな条件を入れて欲しいというリクエストを裁判員のほうからできました。でも、全部が全部一致する事例はなくて、「3人、刺殺」とか「近隣トラブル」とか出てくるのですが、完全一致はありませんでした。被害者が3人だと死刑という結果が多かったです。一つの材料にはなりました。

合議体に有期刑という選択肢はなく、「無期(懲役)か死刑だった」と彼は言う。他方で、弁護人からの最終弁論では、「59歳の被告人は、無期刑でも社会に出てくることはない」。つまり、再犯の可能性は極めて低いということを訴えていた。

　裁判官から、無期になれば30年は刑務所から出られないという説明がありました。死刑のほうは、(死刑適用基準とされる)いわゆる永山基準について長く説明してもらいました。重視する項目はあるけれど、全部が当てはまらなくてもいいみたいな説明で、個人の判断で総合的にと言われました。

無期懲役は、法律上は10年経つと仮釈放にできるとされているが、あく

まで仮釈放の機会が巡ってくるだけで、実状は30年以上と言われている。高齢の被告人にとっては、ほとんど無期限の刑であることを知らない裁判官が多すぎる。それでも、「年齢的に、無期でも社会には出てこられないですよね……」と米澤さんなりに理解はしていたようだ。

そんな重い決断を前に、約1週間の評議期間中、「座りっぱなし」というのもあって、彼の体力、精神力ともに限界に近づいていたと言う。

> 行き詰ることはなかったですが、評議室の中で1日中、意見を飛ばし合って……なんというのですかね。
> 裁判所から出たら、何も考えませんでした。家に帰るとすぐ寝ちゃって。家でも考えていたら、重圧に押し潰されそうでした。（自分が）ダメになっちゃうんじゃないかと思いました。被告人一人の命がかかっていることに対しての責任でしょうか。

弱冠20歳を過ぎたばかりの青年には荷が重すぎたのか、いや、こればかりは年齢など関係ないと思う。どんなに博識だろうと、どんなに人生経験を積んでいようと、その究極の判断を迫られたときに、悩み、苦しむのが人として正常だろう。やがて、避けては通れないそのときがやってくる。

> （評決したときは）誰も無言で、黙り込んでいました。実際は、（判決までは）終わっていないけれども、達成感、ほっとした感じがしました。
> 判決日は、朝9時に（裁判所へ）行って、評議室に缶詰めでした。裁判官は判決文を書いていて、僕らは評議室内で自由にしていてくれと言われました。（他の裁判員とは）あまり話さなかったです。みんなほとんど無言で、携帯電話をいじったり、本を読んだりしていました。

重苦しく、息の詰まりそうな雰囲気が感じとれる。一人ひとりがいろいろと思うところがあったのだろう。

> 被告人は、（判決を）ずっと俯いて聞いていました。自分も下を向いていて、あまり法廷のほうは見ませんでした。その日は、被告人が半袖半ズボンで入廷していて、袖や裾からはみ出た刺青がすごく印象的でした。
> 裁判官から、一般的には主文を後回しにするものだけれど先にします、と

言われました。判決主文が読まれたとき、被害者ご遺族は泣いていました。待ち望んでいた結果だったのでしょうか。

　米澤さんは、被害者ご遺族の処罰感情と被告人の極刑への覚悟が量刑に大きな影響を与えたのではないか、と言う。あるいは、主文から始まる異例の死刑判決は、ご遺族の溜飲を下げるために裁判官がとった苦肉の策だったのかもしれない。私は、曇天の中を鬱々とした気分で裁判所を後にした。

## 誰にでもあること――裁判後

　当初、母親の一言に発奮して臨んだ裁判員は、きちんとやりきったことになる。

> 　母は、「あ、そう」という感じでした。父は、新聞などで知っていたみたいで、「大変なことをしたな」と言われました。いや、大変だったねという意味ですよ(笑)。
> 　友達からはすごい心配されました。(学校を)さぼっているんじゃないかと(笑)。自分から裁判員のことを話したら、「何それ？」という人や「大変だったね」という人までいろんな返事がきました。そのときは、守秘義務をあまりよく理解していなかったので、裁判員をやったことしか話していませんでした。死刑判決をしたことを打ち明けた友人から、「人を殺したのか？」と言われました。

　この一言が、彼の思考の羅針盤を大きく揺るがした。

> 　自分の中ではそうは思っていなかったのですが、そう言われてから、間接的だけれども、一人の人を殺してしまうことになるのかな、と思うようになりました。
> 　判決の時点では、これだけ悩んで出した結論だから、控訴しないで欲しいと思っていましたが、日が経つにつれて控訴して欲しいと思うようになりました。「本当にこれでいいのか、本当に死刑にしてしまっていいのか」と。一人の命の判断をプロの裁判官だけでもよく考えて欲しい、と思うようになりました。

彼は、「責任逃れなのかもしれない」と言うが、命の判断を前にして躊躇することは自然なことだと思うし、控訴をするかしないかの判断は被告人が持つ正当な権利だとも思う。

　　不思議なんですよね。(裁判員を)やる前は何も思っていなかったし、考えることもなかったのですが、今は、「死刑反対」なんですよ。どうしてなんですかね？　やはりこういう事件を担当したからでしょうか。やったらやり返すという応報の考えは好きではないんです。

「殺してしまうことに抵抗がある」と言う米澤さんの言葉は人間としての素直な心情なのだと思う。判決当時からさらに時間を置いた今、彼は次のような視座を得た。

　　(被告人は)3人を殺害してしまいましたが、経歴とかを知っていくうちに、実はいい人なのかな？　と思うところもありました。例えば、ヤクザっぽいことをやっていたということもあるのですが、義理人情が厚いと感じました。悪い部分だけの人はいないと思います。少しはいいところがあるものじゃないですか。やってしまったことはしょうがないですけれども、犯罪者という見方はあまりなくて、たまたま誤ったことをやってしまっただけで、それは誰にでもあることじゃないですか。

　ついうっかりスピード違反をしてしまった経験が誰にでもあるようなものである。しかし、その違反(違法)行為は人の命を奪う行為にもつながっていることを肝に銘じておく必要があろう。
　何でもやってみる、と前向きに裁判所に行ってはみたものの、究極の判断をしたその体験は米澤さんにとって果たしてプラスだったのだろうか。

　　重たいです。実際にやってみてすごい重い判断をしたなと自分でも思います。間接的とは言え、人を殺すわけですから、でも後悔はしていないですよ。判決については考えるところがありますけれど、参加したこと自体はよかったと思っています。

　控訴して欲しいという米澤さんの思いとは裏腹に、弁護人がした控訴を被

裁判員は語る

告人は自ら取り下げてしまった。つまり、一審の死刑判決が確定した。法律上はいつ執行されてもおかしくない。

　**友人から言われた「人を殺したのか？」というのがひっかかっていて、今その瀬戸際じゃないですか。「死刑執行」の報道を見るとつい名前がないか探してしまうんです。ないとホッとするんです。**

　報道の度に繰り返される憂慮と安堵は、彼にしか分からないものかもしれない。そして、今や死刑が確定した被告人の1日も憂慮と安堵で始まる。

（インタビュー日：2013年7月12日）

> # 予定どおりの3日間

**古平衣美さん**

裁判員は語る

公判期日
**2010年5月31日〜6月2日／東京地方裁判所**

起訴罪名
**殺人未遂罪**

## 消しゴムで消したい！

　都心に暮らし、歯学博士でありながら、裁判員経験をきっかけに心理カウンセラーの資格を取得して活躍するようになったと言う古平さんの家族は医療に何かしらの形で携わっている。まさに医者の家系なのだろう。ご主人もまた医師である。

　　なぜ同じ命で生まれているのに、片方は被害者で、片方は加害者にならなきゃいけないんだろう……。

　2010年5月31日、東京地裁で初公判が開かれた殺人未遂事件の裁判員裁判は、被告人が人定質問に対して違う名前を答え、一時騒然とした裁判だった。古平さんは、被害者の苦痛を深く慮る一方で、犯罪が起こる過程において、本人の力ではどうにもならない成育環境や社会の構造に気づいたとも言う。

　　以前は、「働かざる者、食うべからず」という意見でした。そういう傲慢な

ところがありました。でも、裁判員を経験して、(被告人が)劣悪な環境で育ってきた背景を知りました。お金や仕事など、この人だけの責任じゃないんじゃないか、と思ったんです。両親が行方不明の被告人には、情状証人は誰もいませんでした。
　子どもの犯罪についての講座に行ったときに、鍵と鍵穴がはまったときに犯罪は起きるものだと聞きました。普通に起き得ることなんだと思いました……。
　裁判員をやらなかったら、傲慢なままだったと思います。当時の自分が恥ずかしい……自分を消しゴムで消したい！　という感じです。

気持ちはよく分かる。犯罪とは無縁と思っていた一般市民が、自分と同じ線上に犯罪があることを知って、他人のことを言えた立場じゃない、と省察する気持ちも無理はない。それだけ純真なのだと思う。話をうかがっていくと素直なまでに揺れ動く彼女の気持ちが見てとれる。

　(担当した)事件のことや被告人のことを話すことは、被害者に思い出させてしまうことにもなるかもしれない。それは辛いだろうし、悪いと思って、最近は控えるようにしています。

被害者への思い、被告人への思い、相反する両者への気持ちは今も揺れ続いている。彼女の逡巡を当時に遡って拾い集めてみる。

## 聞いてないよ！──選任手続

　関心はまったくありませんでした。自分の育った環境に医療系はたくさんいましたけれども、弁護士などはいないので、法に関することは知りませんでした。(法曹界は)遠い存在、敷居の高い存在でした。身近に考えたことなくて……。

医療の世界も十分敷居が高いが、古平さんと話していると歯科医師だという感じがしない。とても気さくな方だ。

　(マンションが)オートロックなので、郵便局の人がチャイムを鳴らして、手渡しで「裁判所」という文字の書かれた茶封筒を受け取りました。「あ！　と

うとう訴えられた」そう思いました(笑)。歯医者が医療事故で訴えられた、というニュースをやっていて、当時は大学病院に所属していたので、そういうニュースが頭にありました。開けてみたら、なんてことない裁判員の「呼出状」でホッとしました。

ホッとすべきかどうか……訴状と呼出状、どちらに転んでもという感じはする。だが、その気持ちに大いに共感する。一応、不動産業である私も、届いた通知を一見して、「どこかに訴えられたか?」といろんなことが脳裏を巡った。やましいことがあるわけではないが、商売柄、いわれなく訴えられることもある。

　　育児休業中でしたが、大学病院では、手術や麻酔に関わる部署にいたので、もしかして……といろいろ考えちゃいました(笑)。
　　やりたいかどうか、という思考はありませんでした。自分には(裁判員は)回ってこない、なることはないと高をくくっていましたが、母からは、「万が一のこともあるから、子どものこともあるし、何かあれば動くわ」と言われていました。何も準備していなかったらパニックだったと思います。母と打ち合わせをしていたので助かりました。

家族という存在のありがたみを感じたという彼女は、お子さんに「霞ヶ関なんて初めて降りるよ」と言って家を出た。

　　ちょうど、(捕鯨反対団体の)シー・シェパードの(船長が起訴された)事件をやっていて、裁判所の前には、マスコミやチラシを撒いている人、叫んでいる人もいました。こんな騒々しいところなんだ、と驚きました。
　　(入口の)荷物チェックは面白いなと思いました。部屋(候補者控室)に入ると、けっこうな人数がきていて、いろんな人がいました。高齢の方、若い方、背広を着た方、トゲトゲのついたジャケットでパンクロッカーみたいな人も。
　　後ろの席の人が咳をしていて、見るからに具合悪そうで、こんなに具合が悪くてもこなきゃいけないんだ。熱があってもこなきゃいけないのかな、かわいそうだな、と。

世の中には多様な人がいて、知らない世界が存在する。まるで不思議の国

に飛び込んだアリスのようだ。しかし、ここはメルヘンの世界ではなく、厳しい現実の世界だ。

> 事件の細かい情報が書いてある紙を渡されて、「うわぁーっ」と思いました。殺人未遂……！
> 関係している人、現場に居合わせた人などはいませんか？　と係員の人が聞いてきました。

個別質問には呼ばれずに「待っているだけ」だった彼女は、「未遂でよかった」と思うことで精一杯だった。

> 殺人未遂だって！　ということで頭がいっぱいでした。罪名とか、難しい文章が書いてあって、「わーっ」という感じ。読みこぼしてはいけないという気持ちばかりで、これをいかに切り抜けるか、という余裕はありませんでした。(自分の)番号が表示されたときは、もう逃げられない、どうなるんだろうという気持ちでした。

抗う間もなく選ばれた彼女は、午後から始まる裁判に、態勢を整えることもかなわなかった。

> 母に電話したら、「あなたくじ運いいものね」と言われました。ここで使っちゃったか……と思いました(笑)。
> 当たるとは思っていなかったので、主人には選任手続のことを言っていませんでした。メールしたら、「聞いてないよ！」と返信がきました。

幸か不幸か、稀有なくじ運を引き当てた裁判員の中には、宝くじを買いに走る人もいると言う。そして、故意か過失か、夫婦間の秘密は何にせよショックなものである。ただし、当の本人が一番「聞いてないよ！」という心情なのかもしれない。

## この段差の分──公判

> 宣誓のあと、法廷を見学に行きました。生まれて初めて法廷に入りました。

> 傍聴席のほうから入って、段差を上がって法壇へ、自分の席に座ってみました。一段高いことにすごく違和感がありました。私、別にプロでもないし、普通にそこら辺にいるお母さんなのに、一段高いところに……申し訳ないと思いました。
> 　資格を持っているプロだったら、違和感ないのかもしれないけれども、普通の人間なのに、なんでこんなところに座らせられなければいけないのだろう！　と。（本番で）裏から入るときは、もっと階段を上がるので、なおさらそう思いました。
> 　（初公判で）関係者全員が入っている状態で座ったときに、全部を見渡せるために高いんだと分かって違和感は薄れていきました。この段差の分、きちんと考えてやらないといけない。中途半端な気持ちではいけない、ちゃんとやらなきゃ、と。

とても謙虚な姿勢と目覚める責任感に感服する。そして、裁判員裁判はその辺にいる普通の市民が関わることにこそ意義があると確信する。
　彼女にとっては、法壇での隣席が左陪席の裁判官だったことも安心感を生んだようだ。

> 　優しい感じの人で、何かあってもすぐに聞ける、すごいことが起きても助けてくれるから大丈夫かも、と思いました。

　実際、その「すごいこと」が起きてしまうのだが……。
　事件は、自らマスコミに予告後、万引きした包丁で、見ず知らずの女性を背中から刺してケガを負わせたというものである。40代の被告人は現行犯で逮捕された。事件現場は予告した場所とは違っていた。不幸中の幸い、凶器は被害者の骨に当たって止まった。1ミリ単位のズレで致命傷を免れたと言う。

> 　たまたま亡くならなかっただけで、殺そうと思って見ず知らずの人を刺す。悪いことをした人は悪い顔じゃないけれど……そういうイメージでいたら、いつも電車に乗っていそうなその辺のおじさんという感じで驚きました。背中がちょっと丸まっていて。こういう普通のおじさんが包丁で刺したの？　という気持ちでした。

裁判員は語る

犯罪者というのは、いかにも悪いことをした、というのはマスコミによるイメージだったんですね。そこにいた人は、身近な人でした。どこか遠い存在というか、そこが違ったのだと思います。犯罪は、いつも当たり前の身近に起きていることなんだと、自分とは関係ないというのは違うんだな、と思いました。

　率直にそう受け止めた古平さんは同時に、「身近なところの危険も感じた」と言う。
　さらに法曹三者の印象も話してくれた。一番印象の強かったものだけ取り上げたい。

　　　検察官！　見た目で判断してはいけないんですけど、身体が大きくて、スキンヘッドだったのですが、ヤクザ映画とかに出てきそうな雰囲気でした。「わぁ、検察ってコワ！」って思いました。スタートすると優しい感じではありましたが(笑)。

　人を見た目で判断してはいけない、そのことは確かである。しかし、彼らだけが唯一持つ公訴権という権力ほど怖いものはない。ただ、それと身体的特徴は次元の違う問題だ。

## よく考えてください──補充質問〜結審

　ともすると、儀礼的なものにも見られかねない人定質問に、どれだけの重要さがあるのか、公判の緒において理解している裁判員はほぼ皆無だと思う。順当に公判前整理手続を経て、3日間の期日で終わるはずだった裁判は、被告人への人定質問で風雲急を告げることになる。

　　　「僕は違う！　僕の名前は……」と言って、どう考えても日本人ではない不思議な名前を言いました。
　　　あれ、話が違うよね？　どうすればいいの？　こういう場合は、みたいなことを知らないから、どうしたらいいのか分からず……で、すぐに休廷になりました。

　混乱する様子がうかがえる。彼女たち裁判員だけでなく、裁判官も狼狽し

ていただろう。

　　　精神鑑定をやらなきゃいけないのか、裁判を中止して、一からやり直す方法もあるとか、裁判官から説明を聞いて、裁判員の意見も聞かれました。でも、一応、検察側の説明（冒頭陳述）を進めるということになりました。
　　　検察の話も聞いていないうちに判断はできないから、裁判の途中でやり直しということになれば、それはそれでそうしましょう、ということになりました。
　　　弁護人は、二人でしたが、一人が「この裁判は間違っている！」って、荒れた口調で専門用語をいろいろ使ってうわーってすごい怒っていました。難しい専門用語ばかりで、何を言っているのかよく分からなかったけど、ちゃんとした裁判にならないんじゃないか、ということを言っているのは分かりました。もう一人がなだめている感じでしたが、結局、憤っている方は（その後の公判には）こなくなってしまいました。

　公判続行という対応が妥当なのかどうかは分からない。おそらく、憤慨した弁護人は法理論として正論を並べたのだと思う。
　想定外の流れに動揺を隠しきれずに聞いた検察官の冒頭陳述だったが、それでも「言葉は丁寧でよく分かった」と言う。弁護人の冒頭陳述も「優しい口調で分かりやすかった」と評価する。しかし、続く被害者の陳述が、古平さんの心を揺らした。

　　　遮蔽があって、声がか細くて……。恐怖で今もまな板を入れたリュックサックを背負わないと外に出られない、と聞いて胸が詰まりました。被害者にとっては、（被告人が）ずっと出てきて欲しくないのだろうと思いました。
　　　（被告人は）ずっと俯いていて、他人事のような感じでした。

　ある日突然、悪夢に襲われる恐怖が臨場感を持って伝わったのだろう。一方で、初公判前日に自傷行為を起こした被告人の心情はいかばかりか。

　　　被告人質問は、そこにいる人が被告人である、ということを「みなす」判断材料でした。弁護人からの質問はなく、被告人は相変わらず俯いていて、顔はよく見えませんでした。

裁判官が、嘘をついているのではないかという趣旨で、いろいろと質問をしていました。「何年生まれ？」、「(干支は)なに年か？」など、被告人は答えてはいましたけれど、書かれていること(手元の資料)とは違っていました。

弁護人としても難しい局面だろう。続く補充質問に、彼女は手を挙げなかったと言う。

　もう、無理だと思いました。黙っていてよかったと思っています。法曹三者の言っていることは、概ね理解できていたし、被害者が被告人本人を捕まえたという現行犯なので、事件としては特に複雑なものではありませんでした。
　被告人は、窃盗を繰り返し、少年院に出たり入ったりしていました。精神科にもかかって薬をもらっていました。窃盗をしようとして殺人(未遂)へ、と私は理解しました。無差別殺人予告は秋葉原連続殺傷事件を模倣して、と検察官の話(供述調書)でありました。弁護人も事実関係に争いなしということで。

私見だが、人定質問手続で起訴状の氏名を否定するということは、事実も含めて否認しているような気もする。このことを彼女に問うてみた。

　そのときは、分かりませんでした。でも今は、そういう(否認事件として扱う)選択肢があるのならば、そうしたほうがいいと思っています。

そして、論告求刑において検察官から懲役10年が求刑された。

　本当は、そういうふうに思ってはいけないのかもしれないけれど、だいたいそれくらいなのかな、と思いました。弁護人からは、(最終弁論で)具体的に何年とは言わずに「よく考えてください」とだけでした。
　無罪主張でも、寛大な判断をでもなく、ただ「よく考えてください」ということだけを言っていました。いろんな意味にとれる「よく考えてください」ですよね。今思えば、「このまま進めてもいいんですか？」という意味が含まれていたと思います。

冒頭から異例の事態が発生した裁判は、それでも予定どおり2日間で結審

した。

## 思いっきり却下―評議

　3日目、午後の判決公判に向けて男性のみの裁判官3名と、男性1名、女性5名、補充が男女各1名ずつの裁判員たちは、早朝から評議室にこもった。

> 　事実関係に争いはなく、殺意も明らか。結局、本人の精神状態だけが争点でした。(精神)鑑定は2回受けていて、それをどう思うか、ということを中心に話し合いました。
> 　雰囲気として、話しにくいということはありませんでした。いつも話す人は決まってきて、あまり黙っていると、裁判長から話を振られてしまうので、振られない程度に発言していました。
> 　いろんな意見の人がいるんだな、と思いました。両極端な意見が並んだりした意味では、自由に発言できた雰囲気でしたね。やっぱり。
> 　刑事裁判の原則は、説明というよりも、基本は質問事項に答えるという感じで、そんなに詳しくはなかったです。守秘義務や判決文の書き方とか、一応の説明ですね。

　事実に争いのない事件では、無罪推定などはあまり重要ではないのだろうか。
　話しやすい雰囲気の中、彼女は評議室で揺れる思いを披歴した。

> 　被害者も大変で辛いだろうと思うけれども、どちらかというと被告人があまりに普通のおじさんだったことが衝撃で……生活環境とか背景から、社会に対して怒っていたという感じがして。事件の大事なところからは離れてしまうかもしれないけれども、窃盗はもうしません、と言って出てきたのに……悪いことは悪いことだけれども、仕事もあってお金もあれば、こんなことは起きなかったんじゃないか。なんで事件が起きてしまったのだろう？
> と考えていました。思いっきり却下されてしまいましたけど……。
> 　最後の最後に、踏ん張れるかどうかの違いみたいな話が出て、みんな強いなと思いました。でも、そのときになってみないと、分からないじゃないですか。

人生は、そのときになってみないと分からない。彼女が見い出そうとした視点こそ、裁判員制度の真価だと信じたい。

　　裁判官は、最初から最後まで自分の意見は言っていませんでした。変に先入観を持たせないように、ということだと、それはよかったと思います。プロはプロでやってくれたらいいのに、という思いがあったので、(意見を言われたら)プロが言っているんだからもういいじゃない、となってしまったと思います。言わないでいてくれたから、自分たちで考えたんだと思います。

　なるほど、裁判員が自分たちで考えることを促すために、裁判官が貝になるということか。功罪相半ばする手法だと私は思う。

## 自分が恥ずかしい──量刑～判決

　　(求刑の) 10年と言っても、何年から何年まであり得るのか、と裁判官に聞いたら、スクリーンを下して、パソコンを開いて、「はい！」って示されました。「再犯・殺人未遂」で、ポチッとやると、今までの判決がダーッと出てきました。今度は、「殺人未遂・10年」と入れて、どういう事件だったのかを調べて、結局10年がマックスだったんだ、ということが分かりました。10年までの間で考えればいい、という指標になりました。

　量刑検索システムでは外形上の類似事件は見つかるが、あくまで指標に過ぎない。やがて、合議体がひねり出した判決は求刑どおりの10年であった。この10年にはどんな思いが込められているのだろうか。

　　当時の自分が恥ずかしいんです。そのときは、そんなに早く出てきてもらっても困ると思っていました。社会環境や仕事、お金がないことはよく分かる。でも、もし被害者が一人ではなくて二人だったら、とか考えて、数年で出てきたら怖いな、というのがありました。刑務所では、薬ももらえるし、医者もいる。最大限治療してもらって、生活できるようになって、出てきて欲しいという気持ちでした。
　　今思うと、そういう自分が恥ずかしかったと思います。今は、何年だろうと関係ないかな……。肝心なのは、出てきた人を受け入れるために、私たちが排除してはいけないということだと思っています。そういう(不寛容な)社会

だから同じことを繰り返すだけで……。

　何ら恥じることはないと思う。気づけることが素晴らしく、そのことに最大の価値を置きたい。合議体は、予定どおりに3日目午後の判決公判で、懲役10年という結論を言い渡す。

　　被告人は、俯いたまま、目も半分開いていたかどうか、という感じでした。あまりにも他人事みたいな姿勢にモヤモヤ感が残りました。
　　（被告人が）認めていて、素直に謝っていたら、「そっか」と思って気持ちが晴れていたかもしれない。けれども、今は逆に、「そうではない、本当に自分はそうじゃない」と言う人の気持ちも分かるから……難しいですよね。

　見極めること、判断することの難しさをあらためて思う。苦悩する一方で、こんなふうにも言う。

　　もしも、モヤモヤがすっきりしていたら、今のように考えることはなかったと思う。心理カウンセラーも目指さなかったかもしれないし、終わったことだし、もういいよ、と感じていたと思います。

　この「モヤモヤ感」が、彼女の活動の原点のようだ。

## 取り越し苦労──裁判後
　古平さんは、裁判直後の記者会見に出席したことを後悔したと言う。

　　達成感、高揚感みたいな一体感がみんなの中にあって、一人が会見に出てもいいですよ、と言った途端に全員で、ということになってしまって、私どうしよう、と。結局全員で出ました。でも、座った瞬間に「やっぱり帰りたい」と思いました。さらし者になった雰囲気で……コメンテーターでもないし、そういう風に思われたくないし……。すごく帰りたいと思いました。

　記者会見に出たことを後悔する裁判員経験者は少なからずいる。あれだけのカメラを前にしてしゃべるのは、相当の勇気が必要だ。会見場から逃げるようにして帰宅した彼女を家族が迎えた。しかし、裁判員経験者となった彼

女に対する周囲の接し方は、どこかギクシャクしていた。

　母は、「疲れたでしょう」と言いながらも、触れちゃいけないという感じで、主人も、「全部終わるまでは触れちゃいけない」と。子どもも母から聞いちゃいけないと言われていたみたいですが、それでも、「なんて言ったの？」、「なんの事件だったの？」と聞かれました。
　守秘義務のことは頭をよぎりました。余計なことを言えないぞ、と。それが怖くて、話せなくなったこともありました。他の裁判員経験者と話す機会が増えて、なんだ、取り越し苦労だったんだ、と思いました。勘違いしていて、やったということも隠していないといけないと思っていました。
　いわゆるママ友から、「(子どもの)お迎えにこなかったけど、どうしたの？」と聞かれて、裁判員やってさ、と言ったら、「ひぇーっ」て感じで、聞いちゃいけないという雰囲気でした。でも、知らないでやるよりも、知っているほうがいいと気づいたと話したら、ママ友サークルで学習会を開いてくれて、(裁判員経験を)聞いてよかったと言われました。

　ママ友の学習会は私も傍聴させてもらったが、とても丁寧に、そして上手くお話しをされていた。

## 寝ても覚めてもモヤモヤ

　当初は、ツンとしているイメージだったと言う法曹三者についての印象をあらためて振り返ってみてもらおう。

　(全体的に)同じ人間なんだと思いました。もしかしたら、こちらに合わせているだけかもしれないですけれど……。
　検察官は、本当にいかつかった(笑)。けど、丁寧で優しい感じでした。身近でもないけれども……。
　弁護人は、(法廷から)いなくなった方、なんであんなに熱くなったんだろう、と思っていましたが、それだけ被告人のことを守ろうとしたのかな、どんなときでもその人を守るために働くのはすごいことだと感じます。残ったもう一人も、被告人を守ろうと大変だったんだろうな……。私が弁護人だったら、嫌な仕事だと思うはず、弁護人とは大変なんだとよく分かりました。
　裁判官は、これを毎日やっていると思ったら、ロボットのようになるのか

な、と思いました。私生活が見えない感じでした。この人怒ったりするのかなと。感情が顔に出ないなぁと思いました。仕事としてパターン化してしまって、本当はやっていない事件も（パターンに）あてはめてしまうことで、（冤罪事件が）起きてしまうのかなと思うし、そういう生活ばかりだから、身近なことが分からないのかな、と。

柔和な表情とソフトな言い回しでありながらも、チクチクと鋭い指摘が飛んでくる。そして最後に、制度に対してこう注文をつけた。

　難しすぎるのがそのままでいいのか？　というところがあります。いきなり呼び出されて、やらされるのは……しかも死刑とかだったら「えっ！」と思っちゃうだろうし、シミュレートできるような機会があってから、裁判に臨んだほうが、客観視できるようになると思います。それに、もっと生活に密着した身近なところの事件から入ったらいいのかな、とも思います。

公判中、寝ても覚めても常に被告人のことを考えていたという古平さん。「あの人、最後に謝ってくれないかな、被害者に『ごめんなさい』って言ってくれないかな」という思いを募らせていたと言う。結果として、かなわなかったが、そのモヤモヤした後味が今の彼女を形作った。

　大事なことを決めるのに、プロがいないと困るし、裁判員に負担の一部を背負わせるのもどうかと思う。でも、背負うからこそ、大事なものが分かる。社会にとってもいいことだと思うし……でも、だから難しいと思う。

考え、迷い、反芻する。答えがないからこそ成長する。人間は考える葦である。難しいことに挑戦し、それまでの価値観を壊されながらも踏ん張って考え続ける彼女に敬服する。

（インタビュー日：2013年6月22日）

# 一人ひとり違うから

松尾悦子さん

公判期日
2010年10月19日～10月27日／仙台地方裁判所

起訴罪名
強盗殺人罪

裁判員は語る

## 遺体なき殺人事件

　東北地方における司法機関の要である仙台地方・高等裁判所は、JR仙台駅から歩いて20分ほどの大きな五差路の一角に建つ。そこは、歴史小説『樅ノ木は残った』(山本周五郎著)の舞台となった場所だ。現在では交差点側が裁判所の正門として認知されているが、ちょうど建物の反対側にも門がある。広瀬川を望み、その先の仙台城(青葉城)を仰ぐその門こそが、本来の正門であった。そこには、小説の題材にもなった実際のモミの木が、今も天を衝いている。

　そんなうんちくを、私は「へぇー」と思いながら仙台地裁の職員さんから聞いていた。裁判員経験者からの提言書を全国の裁判所に届けて廻っていたときの話である。そのとき、私の隣にいたのが2010年の秋に仙台地裁で裁判員を務めた松尾さんだった。東日本大震災を前後して転居した彼女は、現在は関東圏に腰を落ち着けている。裁判員当時も現在も、福祉職に従事する1児の母である。法律家の印象を、「六法全書を覚える頭のいい人。文系の最高峰というイメージ」と言う彼女は、もともと犯罪心理などに興味があった

そうだ。

　　学士論文のテーマも司法福祉ということで、加害者の更生などについて書きました。そもそも犯罪については関心が高かったので、(裁判手続は)知りたい領域でした。

　幼少期には、仙台地裁の近くに住んでいたこともあり、まさに裁判所のすぐ隣の小学校に通っていたという彼女が裁判員をやることになったのは、ただの偶然ではなかったのかもしれない。

　　子どもの頃、親から、「(裁判所は)頭のいい人がいるところだよ」言われていました。
　　当時、父親は(裁判員を)断れる年齢でしたので「お前たちは大変だな」と言われました。私のほうは、裁判員制度が始まったということは知っていました。自分の身に降りかかるかもしれないと思って、どういう関わり方をするのか、インターネットなどを使って調べました。だから、一連の流れは理解していました。
　　やれるものなら、やってみたかった。滅多にできるものではないので、当たった人しか見れない世界じゃないですか。見れるものは見ておきたい。行かないのはもったいない、そう思っていました。

　彼女が感じた我が事という意識が、裁判員をやる前から通底したものであることは、次第に分かってくる。担当した裁判は、2010年10月19日から27日まで土日を挟んで7日間の強盗殺人(判決は強盗致死)事件であった。被告人は共犯者と共謀して、被害者を殺害し、数千万円の金員を奪ったとされたのだが、肝心の被害者の遺体が見つかっていない。まさに「遺体なき殺人事件」だった。

　　山林に埋めたとされていて、共犯者が証言するその穴しか証拠がなくて、証言などの情況証拠ばかりで殺人があったということになっていました。

　ミステリー小説のような話だが、現実の出来事である。学生時代に培った彼女の知的好奇心に再び火がついた。この謎多き裁判を、彼女の視点で聞い

てみたい。

## 愛想の悪い普通の会社みたい──選任手続

　最初に候補者登録通知が届いたとき、同居するお母様から、「あんた、何やったの？」と職場に電話があったそうだ。

　　よく見てごらん「裁判員」って書いてあるでしょ、と落ち着かせました。裁判所から通知がきたということで、すぐに裁判員だと分かりました。何も身に覚えがなかったですし、同じ職場で通知がきていた人がいたので、きっとそうだ、「きちゃったよ！　当たっちゃったよ！」と思いました。

とても冷静な反面、内心ではとても率直に喜ぶ様子が彼女らしい。

　　家に帰ってから通知を熟読したのですが、次の呼出状がきたらどうしようかな、と考えてしまいました。子どもが小さいし、親は要介護なので、全部（調査票に）書けば断れる可能性が高い。でも、どうしようか悩みました。呼ばれてしまったらどうするか、ということを親と相談しました。
　　職場の休みもどうするのか、無給では困るし……そこは全部調べました。（勤務先では）裁判員制度導入時に、特別休暇扱いという規定ができたらしく、ただ周知されていないだけでした。

やりたい、やってみたいという気持ちの一方で、家庭と仕事という現実的な問題に二の足を踏んだようだ。だが、次の呼出状を受け取ったところから、松尾さんの視線は前だけを向き始めた。

　　今までクジとかで、「当たり」とはまったく無縁だったので、当たるもんなんだと思って、だから「行こう！」と決めました。7日間の公判期間を調べたら、他の裁判と比べて長いほうだというのが分かりました。職場にも親にも相談して対策を練りました。もともと9時から17時まで仕事で家にはいなかったので、家庭については問題なかったです。ここまできたら選ばれる予感がしていたので、仕事のほうは引き継ぎをしっかりしておきました。

ご両親が同居していた環境を「恵まれていた」と話す。予感に従い入念に準

備を済ませた彼女は、通知に記された期日に裁判所を訪れた。

　(裁判所の)法廷は特別な感じでしたが他はそんなに……愛想の悪い普通の会社みたいでした。候補者控室も普通の会議室で、裁判官とか検察官とか、並んでいる人たちが仰々しいだけでしたね。長い公判期間ほど(候補者を)たくさん呼ぶと聞いていましたが、ひとクラス分くらいの人数だったと思います。
　(強盗殺人という)事件概要を知って、「へぇ」と思いました。婦女暴行や子どもが被害者などの身近な事件だったら辛かったかもしれません。でも、今回は刑事ドラマみたいだなと思いました。周りの人は、どうやったら逃れられるかということを考えている雰囲気でした。私は、調査票には何も書かなかったので、個別質問もなく待機組でした。雑誌読んだり、携帯いじったり、お菓子食べたり、ジュース飲んだりしていました。

　そして、上向き始めたくじ運は、彼女の予感を的中させた。

　モニターにパッと表示されたとき、「やったぁ！」と思いました。でも、(声に出して)言えないですよね(笑)。心の中で、「フフフッ」と。職場にすぐ連絡しました。

　喜びの声を飲み込んだ彼女の顔は、それでも頬が緩んでいたのかもしれない。その気持ちがよく分かる。20代から60代の男女3名ずつの裁判員と、男性1名、女性2名の補充裁判員の合計9名が選ばれた。

　人数分の弁当がすでに注文されていて、強制的に代金を払わされました。裁判長から「選ばれちゃいましたね」と言われて、評議室で宣誓をしました。そのときに、「怪しいなと思うときは被告人の利益にすること。証拠がなくて、どう見てもこの人がやったと思えなければ無罪にすること」など、刑事裁判の原則が説明されました。公民の教科書に出ていることそのままでしたね。あとは、法廷で見聞きしたことだけで判断してください、ということも言われました。

　刑事裁判の原則を、「かつて試験に出たな」と回想したそうだ。選択肢もなく用意され、自費で食べる弁当はどんな味がしたのだろうか。法曹三者のう

ち、ひと足先に裁判官の印象をうかがってみたい。

> 全員男性でした。印象に残っているのは、裁判長がポワーンとした人で、法服が汚れていたり、よくめくれていたりして(笑)。でも、法廷に入ると人が変わるんです。事件について全部頭に入っていて、仕事とは言えすごいと思いました。
> 昼食のときは和やかに、と裁判官がすごく気をつかっていました。裁判員は基本的に大人しかったのですが、裁判官が話題を振ったり、ギャグを言ったりして場をほぐそうとしてくれました。最初は(みんな)無理してひきつりながら笑っていたかもしれないですけれども、だんだん自然に笑えるような雰囲気になっていきました。
> そのときに、裁判官のイメージがガラガラと変わりました。「弁当がマズい。これを食べさせられるからやってられない」とか「法服が暑い」とかいう話もしてくれて、けっこう笑った記憶があります。あと、外で飲むときは、裁判所のことを「会社」と呼ぶみたいな裏話も聞けて面白かったです。裁判官の私生活が見えましたね。

半ば愚痴のようだが、自虐ネタのウケがいいのは、裁判官という厳格なイメージとのギャップだろうか。

## 拍子抜け――公判

お辞儀をしてから座るといった法廷マナーと入廷の順番を聞いて、松尾さんは初公判を迎えた。

> 法廷は、テレビのドラマやニュースで流れる映像どおりでした。事前に裁判官から、「大きい事件だから、大きい法廷にした」と言われていて、傍聴人がたくさんいると聞いていたので、気合いを入れて入廷したら、ポツン、ポツンとしかいませんでした。拍子抜けしました。裁判官も「少なかったね……」と。
> 被告人は、共犯者などと「人を殺すために生まれたギャンググループ」みたいなのを自称していたので、顔に傷が入っていて、下手したら暴れるような人を想像していました。でも、実際は普通のおじさん？ お兄さん？ でした。友達にいてもおかしくないような感じでした。きちっとした人に見えまし

裁判員は語る

た。服装もきちんとしていて、髭もきれいに剃っていました。

見通しがよすぎた傍聴席には、毎日、同じ顔の傍聴人が座っていたそうだ。肩を落とす裁判官が憎めない。他方、凶悪なイメージばかりが膨らんでいた被告人に対しても、「拍子抜け」したようだ。では、法律家の印象はどうだろう。

　検察官は、目つきが悪いなと(笑)。被告人が普通の人だったから余計にそう感じたのかもしれません。被告人を貶めているようにも感じました。常時二人いて、頭のいい人たちという印象でした。
　弁護人は、国選というのもあるかもしれないけれど、お涙頂戴という感じで、ぐだぐだでした。男女の組み合わせでしたが、年配の女性弁護士によく肘で突かれていた男性弁護士が、草食男子みたいな人で見てられなかったですね。
　(冒頭陳述は)検察官は、カラーの人物相関図や時系列の一覧表を使って理路整然と話していました。弁護人は、紙に余白もないようなギッシリの文章で、読みたくなくなるような資料でした。強調したいところがゴシック体になっているくらいでした。両者、アピールの部分ですごく格差があるんだな、この段階では、検察の勝ちだなと思いました。

他の裁判でも、弁護人が押さえようとする勘所は、どうも裁判員の期待とズレることが多い。それでも松尾さんの鋭い感性が、検察官の資料を評価しつつも冷静な分析を加える。

　検察側の、物的証拠がないのにやっているという主張がおかしいと感じました。被告人は、強盗については認めていますが、殺人については最初から否認していました。被告人が一貫してやっていないという態度が気になりました。

ひねくれているように見えるだろうか。目の前の事を正面から見ただけの見解である。「基本は性善説なので」と彼女は言うが、立証責任は検察官にあるという原則に素直に従った好例だろう。

# クローズドクエスチョン──補充尋問〜結審

　松尾さんは、裁判長の「静粛に！」が聞けたことに感銘を受けたそうだが、公判全体において、分かりにくい点や疑問点などはあったのだろうか。

　　法律用語や手続上で、分からないところはほとんどなかったです。すごく分かりやすく説明しようとしていたと思うし、裁判官に聞けば教えてくれたので、問題なく理解できました。それよりも、多くの人物が関わっている事件でしたので、その相互関係を把握することのほうが難しかったんです。
　　登場人物はすごく多いんですが、最終的に（殺害）事件が起きたとされているポイントに関わっているのは、被告人ともう一人の共犯者だけでした。物的証拠がないので、結局、その共犯者（主犯格）の「被告人と一緒にやった」という供述だけが頼りで、それが嘘か本当か、一番重要な証拠だったんです。

　そこを精査すべく、裁判員から証人や被告人に直接問うことができる。

　　共犯者への検察側の尋問で、「被告人との間には信頼関係があった」という話が出たのですが、ギャング同士の信頼関係ってどうなんだろう、と。その人間関係などを聞きたくて質問（尋問）しました。そうしたら、「そりゃあ信頼していますから」って笑顔で答えたんです。人を殺しているのに笑うなんて……そう思いました。

　共犯者（主犯格）は、別件でも殺人事件を起こしていて、この事件と合わせて二人殺害ということで、ちょうど2か月前の裁判員裁判で無期懲役という判決が下され、確定していた。

　　検察官は、共犯者のことを信頼できる、なぜなら自身の裁判のときに全面的に認めていたうえ、すでに服役している。彼には被告人を貶めるメリットはない、だから信用できるという主張でした。でも、それは何か違うと私は思いました。どちらが本当のことを言っているかは分からないわけですから、彼の証言だけで、立証できるなんて、そんなわけはないだろうと。

　検察の論理に素直にうなずけない彼女の感覚に強く共感する。同時に、共犯事件の難しい部分だとも思う。一方の、被告人に対してはどんなことを聞

いたのだろう。

　　　睡眠薬のことを聞きました。(被害者に)睡眠薬をパンか何かにかけて食べさせたということでしたが、それはあり得ないと思ったので。あんなマズいものを⋯⋯。

　結局、法廷で浮かんだ疑問点は、「完璧には解消しなかった」と彼女は言う。余談だが、質問内容を事前に打ち合わせるための休憩のときに、裁判官から、「対話はできないので、イエスかノーで答えられる形で聞いてください」と言われたそうだ。
　そして、論告求刑では、検察官から無期懲役が求刑された。

　　　主犯格の共犯者が、二人殺して無期懲役だったので、死刑はあり得ない。最初の段階から予測はしていました。まず無期懲役でくるだろうな、そう思っていました。他の裁判員もびっくりしている人はいませんでした。「死刑じゃないんだ」と言っていた人はいましたけれども。
　　　弁護人は、「有期刑でお願いします」と言っていました。致死の部分は認めていて無罪だとは言えないから、せめて有期刑ということなんだろうなと思いました。妥当⋯⋯なんですかね。
　　　被告人は、裁判中もずっと主張が一貫していて、頑張ったなと思います。検察官にあれだけ言われてもぶれないんですから、大変だったと思いますよ。

　検察官からの激しい糾弾にじっと耐えた被告人の姿は、あるいは真実の片鱗なのかもしれない。松尾さんの労いの言葉が印象深い。

## グレーはシロに——評議

　公判中、外食は認められず、「あまりウロウロしないでくれ」と言われていた合議体は、評議室で過ごす時間が多かった。お互いを番号で呼び合っていたというが、評議室の様子はどうだったのだろう。

　　　裁判員同士は、そんなに打ち解けている感じではなかったです。仕事のことや休みをどうしたなど、よく話したのは一部でしたね。自己開示をまったくしない人もいました。嫌でやっている人が多かったように感じました。最

終日までカウントダウンをしたりして。

積極的な人とそうでない人が二極化していたという話に、評議の行方が心配になる。

裁判官が万遍なく話せるように当てていました。中には人の意見に同意する形で(議論に)参加する人もいましたが、真面目にやらない人はいなかったと思います。6人だからサボれないし、手を抜けない。あの状況で適当にやれる人はいないと思います。補充裁判員も意見を聞かれたら答えるという感じで、裁判官が発言の機会をけっこう作っていました。
裁判官は交通整理係で、自分はこう思うというのはあまりなかったです。分からないことを裁判官に質問することはありましたが、よく聞く誘導云々というのは全然なかったです。

ただの杞憂だったようだ。もちろん、積極的に発言する側だった松尾さんは、評議の過程において興味深いことを話してくれた。キーパーソンである共犯者(主犯格)と被告人の供述をどう評価するかが論点だ。

(事件発生時は)被害者含めて、被告人と共犯者の3人だけの世界。「手伝って一緒にやった」と言っているのは、共犯者だけでしたが、その発言を100%鵜呑みにするほどの信憑性がなくて、かといって被告人を完全に信じたわけでもないのですが、怪しかったら被告人についてシロにすべきじゃないですか。グレーだよね、という話はありましたが、クロじゃないわけですから、グレーでは(殺人について)有罪にはできない。

刑事裁判の原点と言えるような考察に感嘆する。彼女は何も難しいことは言っていない。至ってシンプルに刑事裁判の原則に従っただけのことである。ところで、事件の最大の謎である「遺体」だが、発見されていないということは、被害者の「死」そのものが不確かではないだろうか。

そこは議論の対象ではありませんでした。共犯者も被告人も「死んだ」ことは認めていたし、争点ではないので、疑問に思っていても死んだことを前提に議論をしなければいけませんでした。「そこは信じちゃうんだ、面白いな」

と思っていました。でも、そうやって切り取らないと成り立たない制度なんだなとも思いました。
　今となっては、もう少し丁寧にやったほうがいいと思いますよ。でも、当時は、目の前のことで精一杯でした。私たちは、全貌を見ることなく、切り取られた事件について議論しなければならなかったんです。論点整理ってそもそもなんなの……と思いますね。

　私自身も、担当した裁判のときにスルーされた疑問点がいくつもあった。

## わなわなしていた──量刑〜判決
　刑事裁判の原則に忠実な判断により、強盗殺人のうち殺人を一緒にやったということは認定されず、殺意のない「致死」という結果になった。今度は、量刑判断である。

　(量刑)データベースは使いました。殺人と致死、それぞれの量刑範囲の違いが画面(モニター)で出ました。分布図上の平均値についての説明はありませんでした。罪名によって量刑の範囲が決まっているということだけ頭に入れました。分布図や平均値で決まるのでしたら、裁判員はいらないだろう、と思っていましたから。
　致死(有期刑)についての最大刑期の範囲が変わったという説明がありました。現在は20年だけど、事件当時の旧規定では15年が最大ということでした。

　2004年の法改正により、その翌年から刑法第12条の有期懲役における上限が15年から20年に引き上げられた。松尾さんが担当した事件は、発生したのが改正法の施行される前だったため、旧規定により判断をすることになったそうだ。

　殺人に関してはシロでしたが、(被告人は)強盗や誘拐監禁、それに殴ったことも認めていました。悪いことをやってはいた。裁判員の間では、「マックス15(年)なんですか?」というような質問もありました。
　裁判官は、決まりは決まりとして、あとは自由に考えてください、という感じでした。基本的に自分の意見は言わずに、裁判員に、なぜその量刑なのかを説明させていました。裁判官が先に意見を言っていたら、説得されてい

> たかもしれません。事実認定については、自分の意見を言えるけれども、量刑については、あっちはプロですから……。

　なるほど、事実認定の部分では、プロの知識というよりも一般の感覚のほうが役立つという話に納得する。グレーではなく、間違いなくクロの部分を反映してか、上限の懲役15年という結論が導き出された。

> 　　被告人は、ホッとしている様子でした。自分の言い分が認められたということもあったと思います。検察官がわなわなしていました。裁判官も、「わなわなしていたね」と言っていました(笑)。

　判決公判後、松尾さんは記者会見に臨んでから家路についた。
　ここで、いったん時間を早送りしたいと思う。この裁判はその後、検察側が控訴し、高裁で差し戻され、一審の裁判員裁判からやり直すことになった。裁判員史上初のやり直し裁判は、松尾さんたちが担当した裁判の記録(証人の証言などを録音・録画した映像)を新たな合議体が視聴する方法で審理がなされた。そして、結果は無期懲役。検察官の求刑どおりの結論となった。

> 　　(判決時に)わなわなしていたから、控訴されると思ってはいました。判決時の報道でも、そう言っていましたね。自分の想定の中では、1回は控訴するだろうと、でも、結果は同じだろうと思っていました。そう安心していたら、報道機関の方から連絡があって覆されたと……。ストレスを感じて、ちゃんと調べてはいません。
> 　　その裁判(差戻し後のやり直し裁判員裁判)で、新たな証拠が出たのかどうか、そのへん次第ですよね。もし、証拠が同じで、2年以上も時間が経ったあとに、人(合議体)が変わることで結論が変わったとするのなら、事実ってなんでしょう？　というのが率直な気持ちです。

　彼女のケースだけに限ったことではない。長い目で見たときに、今後も想定できることである。少なくとも、1回目の記録映像だけで審理を行おうという安直な運用は是正すべきだと思う。あるいは、検察官上訴のあり方にも関わるだろうか。

## 法律が変わったら私もそこへ──裁判後

　公判期間中はまったく仕事をしなかったという松尾さんは、裁判所での濃密な7日間から普段の生活に戻っていった。

　　精神的な歪みもなかったし、身体的な疲れは特になかったです。（職場に）戻って、山積みの仕事にげんなりしたくらいで、やっぱり1週間は大きいですね。家族にも変化はなく、子どもは、私が裁判長をやっていたと思っていたみたいです（笑）。
　　福祉業界は、守秘義務まみれなので、（家族には）普段から仕事のことを話すことはないし、聞かれることもないんです。聞いても話さないのを知っていますから、話しても当たり障りのないことばかりが話題です。仕事場の同僚同士でも守秘義務があるので、余計なことは聞かないし、聞かれない。

　裁判員の守秘義務に対しても、習慣として違和感なく受け入れたようだ。それでは、「やった人にしか見れない世界」だった裁判所見聞は、どんな成果があったのだろう。

　　裁判では、争点を整理するために、「イエスかノーで答えられる質問」でした。これは福祉の仕事ではやってはいけないことなんですね。真逆のことができたので、新鮮で勉強になりました。
　　犯罪者というのは、自分とは違う世界の人だから興味があったのですが、隣を歩いていても不思議じゃない人が出てきて……そこには壁やフィルターはないなと感じました。自分に降りかかるという意味では、法律が変わったら、私がそこ（被告人席）に行くかもしれない……。
　　犯罪者は社会によって作られる、というのは福祉の考え方の基本なんですが、正直、懐疑的だったんですね。でも、やっぱりそうなんだ、（犯罪者は）社会が作るんだ、というのが実感できました。

　変化や発見ではなく、知識として学んでいたことが本当に目の前にあったと言う彼女は、とても貴重な眼識を手に入れたようだ。では、法曹三者や裁判員制度についても振り返ってもらおう。

　　裁判官は、トイレにも行くし、（お酒を）飲みにも行くし、愚痴も言う普通の

おじさんでした。株が上がりました。だって、食後にお弁当容器を下げてくれるんですよ！
　検察官は、わなわなしているのを見て、感情があるんだなと(笑)。フレンドリーに感じました。
　弁護人は、資料をまともに作って欲しいですね。努力と根性に欠けている感じがしました。結局、何していたんだろうと思います。でも、被告人にとっては心の支えだったんでしょうね。
　今まで、司法は密室だったので、裁判員制度はあったほうがいいと思います。でも、今のままでは問題です。

弁護人への手厳しい評価と同時に、被告人の視点に立てる想像力に頭が下がる。裁判員制度の問題点とは何だろうか。

　例えば、裁判員を拒否できる範囲を広げるとか。「やりたくない」という選択肢はあっていいと思います。嫌々やってもお互い不幸になるだけですよね。あとは、選任手続をもっと厳格にやったほうがいいですね。今の選任手続のやり方では、(裁判員の職務遂行に必要な)コミュニケーション能力に問題がある人でも裁判員になることができてしまいます。そうなったら、裁判官は大変だろうな、と。

松尾さん自身が持つ職業上のスキルから、実体験を経て見い出した含蓄のある指摘である。あらためて、今回の経験を整理してもらった。

　裁判員の中には、やる気がある人とそうでない人がいたんじゃないかなと思います。評議に参加はしていても、理解できているかどうかは別問題で、本気度というよりは……話をしたり、聞いたりすることに慣れていない。そもそも、裁判に対して、ちょっと興味があるとか、学校で真面目に勉強したとか、そういうところから封書(登録通知や呼出状)を読むか読まないかなどにつながっていって、理解度の差が出るのかなと思います。いくらハードルを下げても、万人に分かるというのは不可能でしょうね。でも、一人ひとりベースが違うから、理解力が違うのは当たり前で、それを含めての裁判員制度なんだと私は思っています。

そこには、一人ひとりの違いを認め合い、許容し合うことで生まれる共生という知恵が包摂されているのではないかと感じ入った。
　裁判後、しばらくしてから判明したことだが、被害者と共犯者(主犯格)は、松尾さんの知人の同級生だったそうだ。事件関係者が全員自分と同年代だったその事件を、「冷静に考えると、とんでもない事件だった」と話す彼女だが、事件関係者全員を「君づけ」で呼ぶ理由がなんとなく分かる気がする。

（インタビュー日：2013年8月9日）

> # バリアフリーの裁判所

山崎 剛 さん

**公判期日**
2010年1月20日～1月22日／東京地方裁判所

**起訴罪名**
強盗致傷罪

## 難病、脊髄小脳変性症

　出版社に勤め、週刊誌・コミック誌の編集者として活躍していた山崎さんは、マラソンやトライアスロンにも挑むアスリートでもあった。ただし、1999年の夏までのことである。世紀末論が囁かれる中、脊髄小脳変性症という神経難病を発病し、現在では車いす生活を余儀なくされている。運動野である小脳の委縮によるため、歩行障害などが主な症状のほか、未知の部分が多いまさに難病である。むろん知能には影響がないため、車いすであること以外は私たちとなんら変わりはない。しかし、残念ながら現在のところ、有効な治療法は確立されていない。それでも彼は、笑顔で不治の病気に立ち向かい、全国で初めてとなる「車いす裁判員」を務め上げた（なお、ご病気に関しては、ご自身のブログを書籍にまとめた『ふらふら日記――いまんとこ不治の病――』〔二見書房〕に闘病の様子が描かれている）。

　裁判所で貸し出されている裁判員制度の啓蒙映画には、車いすの裁判員が描かれている。つまり、そもそもそのような身体が不自由な方も裁判員の対

象として、織り込み済みということだ。実際に、聴覚障害の裁判員(候補者含む)の例を複数聞いたことがある。車いすというハンディを背負っている彼にとって裁判所や裁判は、どのくらいのバリアフリー度だったのだろう。

## 裁判所はウェルカム──呼出状

　今回のインタビュー当日、あいにくの雨の中、山崎さんは、奥様に車いすを押されて現れた。

> まったく、あなたは宝くじ以外のものにはよく当たるわね。

　呼出状が届いたときに、奥様からかけられた言葉だそうだ。十万人に何人かの割合でしか発病しないという珍しい病気に「当たる」という体験からの揶揄は、愛情あってこそだろう。

> 裁判員制度が施行されたことは知っていましたが、自分がそれに対してどのような姿勢で臨むかなどは、深く考えてはいませんでした。法律的な知識はなく、一般常識程度だと思います。障害のため会社を辞めていたので、時間的には大丈夫でした。

　山崎さんにとって、外出時の悩みはかかる時間よりも、目的地へ行く方法である。身体が不自由になってからは、あらかじめ行程や方法を決めて、入念にシミュレーションをするのが習慣だ。

> (呼出状を受けて)行くか行かないかの、意思の問題ではなく、行けるか行けないかの可能性について、逡巡しました。(裁判員を)断る理由はあったけど、行けるんだったら、行ってみたほうが、なんか社会とつながっている感じがするので。こういうことでもないと、家に引きこもったままになってしまうので、きっと誰かが外に引き寄せるために仕組んだ手段なのだろう、と思いました。

　発話不安から、たどたどしく言葉をつなぐ。それでも、行間に潜む信念が伝わってくる。
　呼出状に同封された質問票には、「車いす、手話通訳などの補助が必要な

方は、準備の都合上『裁判員係』まで、ご相談ください」と書かれてある。山崎さんは、裁判所と電話で数度のやりとりを行った。その結果、都内の自宅から霞が関の東京地裁まで、タクシーでの往復が認められたのである。裁判所の裏口につければ、職員が車いすを用意して待っているとの回答に加えて、「特別な申請もなく、領収証を提出するだけ」で日当とは別に、翌日か翌々日にはタクシー代が振り込まれていたというから、その迅速さに驚きだ。

　途中で面倒くさくなってきて、ダメになってもいいや、というふうにはなったんですが、けっこう裁判所のほうがウェルカムで、便宜をはかってくれたので、自分が行ってもいいのかな……という感じがしてきました。どうやら、こなくていいのではなく、きて欲しいという感じでした。

## 美しい雑誌──選任手続

　選任手続の当日は、余裕を見て朝8時に自宅前からタクシーに乗った山崎さんは、その日の流れをシミュレーションするにも、「何がどう起こるか予想できない」ので、ただぼんやりと窓の外を眺めるしかなかったと言う。

　早く着きすぎてしまって、（裁判所の）通用門の前には開くのを待つ車が何台も連なっていました。タクシーの中から（裁判所に）電話すると、「門のところで職員が待っているので、構わずきてください」と言われたので、開き待ちの車をすっ飛ばして近づくと2人の職員が車いすを用意して待っていました。
　「裁判員係の○○です。車いすを押させていただきます」、「裁判員係の△△です。お荷物をお預かりします」と、お客さんみたいでした。
　裁判所の職員の方は、スロープを降りるときは後ろ向きにするなど、車いすの扱いを熟知している操縦で、当たり前ですが迷うことなく候補者控室に連れていってくれました。
　選任手続中は、手持ちぶさたでしたので、週刊誌などを見て気を紛らわそうと思ったのですが、職員の方が取ってきてくれた雑誌は、天体写真や風景写真の掲載されたものでした。ゴシップ誌とかスポーツ誌のような、くだらない雑誌を期待したのですが、置いてあったのはくだらなくはない美しい雑誌ばかりで……あらためてここが、世間から切り離された裁判所なのだと実感しました。

選任手続を経て、最終的に裁判員として選ばれた瞬間、「ホッとした」と言う山崎さん。

> 候補者として裁判所に行くだけで一仕事なので、ここまできて選任されないと途中でハシゴを外されたような感じになってしまう。せっかく裁判所まで出てきた努力がふいになってしまう。そう思いました。

他方で、配られた事件概要を見て「殺人事件ではない」ということも分かって安心したとも言う。

> 死体(遺体)とか、そういう写真を見ないといけないだろうと思っていたので、殺人事件だったら、選ばれてホッとしたという単純な感想にはならなかったと思いますし、できれば遠慮したいと思います。

数人の個別質問手続にも呼ばれず、無作為抽出により補充裁判員を含む8名の中に選ばれたということは、検察官、弁護人の双方から、それぞれ4名の候補者についてできる「理由なき忌避」(不選任の請求)をされることなく、難関をくぐり抜けたことを意味する。運とは別なところで、彼を自宅から外へ連れ出し、外から裁判所へと引き寄せた何かがあったのだろう。

裁判は、2010年1月20日から22日までの3日間、量刑のみが争点の強盗致傷事件だった。制度施行から1年も経たない初期の頃の裁判員裁判で、公判期間も平均的なモデルケースのような裁判である。唯一、初の車いす裁判員がいることを除いては……。

## 公判前整理手続がしっかりできている──公判

担当した事件は、世間から注目を集めるような大きなものではない。しかし、その軽重を問わず当事者にとっては人生を左右する一大事である。そして、一生に一度と言われる裁判員もまた然りである。山崎さんの中に初めての裁判はどう刻まれていったのだろう。

> 評議室から法廷までの通路、階段のすべてがバリアフリーに改装されていて、スムーズに移動できました。入廷の際も、左陪席の裁判官が車いすを押してくれて、(法廷の)裁判員の椅子に着席するまでサポートしてくれたので、

> ストレスはありませんでした。ストレスがないぶん、裁判の支障にならないように気をつけました。
> 　傍聴席は、少しだけ人が埋まっていました。私は、(裁判員)6番でしたので、被告人からは一番遠かったです。大阪に住むという被告人は、髪がボサボサでしたが長身の若者で、比較的まじめそうな好青年という印象でした。普通に、「悪そうな奴」と思っていたので、ちょっと意外でした。
> 　裁判員は女性が多かったのですが、法廷で被告人を目にしてから、優しい意見が多くなったような気がします。

　裁判員(経験者)の大多数が、被告人と直面したときに同様の印象を抱く。その一方、大多数の世論は、事件が起きると被疑者や被告人を「モンスター」として捉えがちだ。私は、摩訶不思議な現象だと思っている。それが、マスメディアというフィルターを媒介しているということは分かっているとしても……。
　では、山崎さんの検察官、弁護人など法律家への評価はいかがだろう。

> 　共犯者が多く、経緯も複雑な事件を、検察官は要領よく整理していて、パワーポイントを効果的に駆使したプレゼンで、分かりやすく訴えていました。
> 　一方、弁護人は国選ということでしたが、情状を願うだけで、合理的な弁護が見られませんでした。ただ、私にとっては、情に訴えるということは、マイナス評価ではありません。被告人は犯行を認めていて、実際に金庫を破ったのも自分だし、被害者にケガをさせたのも自分だと認めていました。自分が弁護人でも、まぁ情状を訴えるしかなかっただろうな、と思います。
> 　全体的に公判前整理手続が、かなりしっかりできていたように思います。共犯者が4、5人いる事件で、それぞれに役割がありました。被告人は、バールで金庫を開ける役割だったのですが、共犯者の中で唯一、大阪から呼び出されて犯行に加わっている。どうやって巻き込まれていったのか、が非常に、刑事ドラマを見るように分かりやすかったです。

　しかし、検察側と弁護側、双方の主張が分かりやすかったとしても、最終的な判断をすることが簡単とは限らない。

> 　共犯者から「東京で金庫を開ける仕事があるからやらないか」と誘われて、

　　　　仕事(運送業)の休暇を取って東京にきて、やる段階(犯行時)になって強盗と気づいたんです。でも、そのときには共犯者との5対1の力関係で、大阪に帰る交通費もなく、弱い立場で、やるしかない状況だったんです。

　そんな被告人を「本当にかわいそう」と率直に感じたと言う。肝心なのは、この心証を弁護人の弁論などからではなく、検察官の冒頭陳述の中から得たという点だろう。公正な観点から悪いことではない。
　だからこそ、山崎さんは悩む。

　　　　(論告求刑の)9年はちょっと長いと思いました。仕方なく犯行に加わったけれど、金庫を破ったのも、被害者にケガをさせたのも被告人ということで、やったことは確かに一番大きい。実際にやったことを見て、あの求刑だったのでしょう。でも、分け前は一番少なくて……。

　法廷で繰り広げられる、ドラマではない現実の出来事に翻弄され、戸惑う様子がうかがえる。
　なお、休廷中に、質問のある方は準備しておくよう、裁判長から言われたという。彼以外の裁判員は補充尋問(質問)をした。彼が質問をしなかったのは「他に、質問を要するような疑問点がなかったから」だと言う。
　彼について言えば、発話不安への懸念は、「そのときは、(インタビュー時よりも)もうちょっとしゃべれたので、そんなに問題にはならなかった」そうだ。3年前の出来事を、当時と同じ調子ではしゃべれない。3年という時間の流れの中に、ご病気の進行を憂慮する。

## 法令には従うが──評議〜判決

　それでは、場面を評議室に移して聞いてみよう。評議室では裁判員同士はお互いに名前で呼び合っていたそうだ。

　　　　裁判長から、「初めての裁判の感想」や「実際に法廷で被告人を見て、どうだったか」などを聞かれました。場の緊張を解くためだと思います。
　　　　被告人の犯罪を証明する義務は検察官にあること、証明が不十分な場合は罪に問えないこと、疑わしきは被告人の利益に、などの原則を説明されました。

裁判官の分かりやすい説明にすんなり理解できたと言う。そして、「実際に行った行為（犯行）に対して、罰を負う責任」という行為責任についても説示があったようだ。

> そんなに変化に富んだ話し合いではなかったですが、全体的にはよい雰囲気でした。
> 人の意見について、「いや、私は……」と遮るようなこともなく、何か意見があったあと、しばらく沈黙が続くこともありました。

補充裁判員を含む8名の裁判員のうち、6名が女性という合議体は、車いすの山崎さんにも配慮してくれ「過ごしやすかった」と言う。評議室に常備されているコーヒーなどを持ってきてくれたり、チョコレートを取ってくれたりした。このチョコレートなどのお菓子は、官費ではなく裁判官のポケットマネーによるものだが、すぐになくなったそうだ。それだけ真剣に頭を使って考えたということだろうか。

> そこまでは考えていなかったです（笑）。キャンディーのようなチョコレートで美味しかった。
> トイレなどは、適時、裁判官が聞いてくれて、ストレスなく過ごせました。休憩時間に、補充裁判員の方から「普通と違った見方をするので面白い」と言われました。

普通と違った独自の視点、とても興味深い。どういうことだろうか。

> 被告人は、渋々犯行に加わったけれども、分担された仕事はちゃんとやった。行為は重大でしたが、それだけ真面目な人で、本来は仕事ができる有能な人間ではないか、と直観しました。
> 弁護人が、被告人の勤務する運送会社の社長から預かった手紙を読みました。たとえ刑務所に入っても、出てきたら、また雇うので、（社会復帰を）がんばって欲しい、という内容でした。

なるほど、やってしまった犯罪行為については償うべきという一方で、被

告人の人となりに着目して、「その後」に思いを至らせたということだ。このあたりの逡巡は、最終的に決まった量刑にも表れる。

　量刑データベースは、紙で過去の類似事件の求刑と判決、そして控訴されたかどうか、というのが示されました。当時は裁判員裁判が始まったばかりでしたので、データベースに載っていたのは、裁判官裁判の結果ばかりでした。共犯事件の主犯は9年という内容でした。他に、今回の共犯者の判決もありました。参考にはなりましたけど、裁判官裁判の結果に左右されないように気をつけました。
　裁判官の判断を否定するつもりはないのですが、ただ、裁判員として関わるのだから、法令には従うけれども、前例には囚われないということです。

鋭い眼光の奥に、裁判員時代を切り拓こうとする意志を感じた。ちなみに、強盗致傷罪の法定刑は、無期または6年以上の懲役である。山崎さんに「前例に囚われない」判断をさせたのは、裁判長が被告人の来歴を読み上げたときだった。それを聞いたとき、山崎さんの心の中に驚きと迷いが入り混じったうねりが押し寄せた。

　施設で育った被告人は、少年院で知り合った相手から誘われて今回の犯行に加わったんです。お互いに名前も知らず、「背の小さい奴」とか「太って大きい奴」、「小太りで帽子の奴」なんて呼び合って……お互いにそれくらいの認識しかなかった……。だから、刑務所に入ることが、必ずしも本人の更生につながらないんじゃないかな、と疑問に思ったんです。更生するのに、（刑務所が）却ってよくないことがあるではないか、と。刑務所が更生につながらない、という直接的な話はしていないけれど、被告人が仲間にさせられたきっかけが、少年院で知り合ったということ。そういう事実としての認識は、裁判官も含めて誰も否定しようがありませんでした。
　法律で決まっているから、6年より上を出さないといけない……。けれど、もっと早く出てきて欲しいという気持ちがありました。真面目な被告人だから模範囚として、仮釈放で出てくることを想定して量刑を決めました。裁判には駆けつけられなかったけれど、職場の社長が大阪で応援してくれているということが公判で分かりました。
　そこで、裁判官に、何年で仮釈放になるのか、と質問しましたが、「ケース

バイケースなのでちょっと分からない、実際は刑期満了までいる人は少ない」と言われました。裁判で裁けるのは、償える種類の罪……本当はそうでないものもあって、それ相応の刑罰を与えて、便宜上償ったことにしている。それが裁判の限界なのかな……。

行刑に対する裁判官の認識は怪しいが、その言葉を鵜呑みにしないように、懸命に熟慮する姿勢に感じ入る。同じ強盗致傷事件で法定刑を下回る裁判員裁判の事例はあるにはある。しかし結論は、6年6月ということになった。

（被告人は）納得していたようには見えました。

## まったく違うもう一つの人生──裁判後

判決後、山崎さんは記者会見に臨んだ。

僕のことを聞きたいだろうな、と思って。僕も昔、週刊誌の編集者をやっていたので、だいたい何を聞きたいかって分かっていたし(笑)、答えたくないことはなかったので。

ここまできて、「初の車いす裁判員」であることを失念していた。こうして話をしていると、発話が覚束ないくらいで、何ら違和感がない。そんな彼を一人心配している人がいた。

母から、「顔を覚えられて、恨みを買うのでは」と心配されました。自分自身は、恨みを買うような判決は出していないし、自分では心配はしていませんでした。法廷に入るときに、傍聴席に怖い人がいたら嫌だな、とは思っていましたが(笑)、特にそういうこともなかった。

奥様でないところがミソである。肉親の愛情あってのことだろう。
そして、彼はこう振り返る。

裁判員の経験は、まったく違うもう一つの人生を真剣に生きるような作業だった。

それまでにない種類の刺激を受け、思考の回路に変化が発生したようだ。

　被告人の学歴は中学までで、（来歴読み上げのとき）当然高校の名前が出てくるんだろうなと思っていたのに出てこなかった。ある種苦労して大人になっていて、あまり自分には……知らないような人生があるんだなと思いました。
　（被告人が）運送屋として、がんばっている姿を知って、実際にこういう人生に触れなかったら、人は学校に行かないような環境では犯罪に染まっちゃう、というステレオタイプに思っていたかもしれない。「窃盗で少年院に何年」って聞くと、知らず知らずのうちにワイドショーみたいにレッテルを貼って、そうやって世論誘導に流されてしまうんです。以前は、被告人の段階で犯罪者だと思っていました。テレビドラマでは、捜査して、ホシ（犯人）を挙げて逮捕するところで終わってしまうんですが、実はここから裁判が始まるわけですね。

安直に視聴率や部数といった数字を追うマスメディアへのやんわりとした苦言でもある。
　さらに、裁判員制度についても山崎さんは、多くの鋭い指摘をしてくれた。

　裁判員裁判のテレビ報道を見ると、証拠不十分で、情況証拠しかなくて、有罪になってしまう。被告人の肩を持つわけではないけれども、きちんと証拠によって証明しないといけないんじゃないかな、と思います。僕のときは、（裁判員裁判が）始まったばかりで、比較的、公判前整理手続などがきちんとできていて、証拠もはっきりしていたし、裁判官もちゃんとやっていた感じなんで、途中を飛ばしてということはなかったのですが、最近は、公判前整理手続がちゃんとなされているのかな、という感想です。
　本来、検察は被告人が罪を犯した事実を、明白な証拠をもって証明しなければいけないわけですよね。冤罪を生まないために最低限必要なことなのですが、裁判員裁判が始まった当初に比べて、証拠不十分のまま有罪判決に至っているケースが増えているような、そんな潮流を感じます。裁判員制度への慣れでしょうか。
　特別な法的知識は不要ということで、市民参加のハードルは下がりましたが、ある程度の知識がないと裁判官の出来レースに乗せられていることに気がつかない、ということがあるのではないかと思います。

やはり実体験から得ているがゆえに言葉に重みがある。事案の複雑化が進む中で、正面から答えられる法律家は何人いるだろう。他方で、「慣れ」という言葉は、私たち参加する側にも示唆された重要な意味を含むのではないだろうか。

## 生きている意味

選任手続の際に、山崎さんは配られた事件概要を見て「殺人事件ではない」ということが分かって安心したと言っていた。ご自身が抱える難病を背景に、「死」というものに過敏に反応してしまう山崎さんの複雑な思いがあるようだ。彼は、裁判員裁判において、裁判員が死刑判断を求められることについて違和感を示す。

> 一般市民である裁判員が死刑判決を出すことに疑問があります。裁判員裁判の死刑判決が増えている中で、以前に死刑判決を下した方が「自分が殺人をするということと同じようなものだ」と言っていました。ものすごく心に傷を負っているのが感じられて……。
> 単純に死刑制度については反対ですが……例えば、こういう言い方は乱暴だけれども、（死刑でも）仕方のない事件とかもあるし……。
> 死刑って、死んじゃったら、取り返しがつかない。よりリアルに考えるようになりました。考えてみたら死ぬ（殺す）ことはなかったかな、と思っても手遅れですし……。

滑らかになってきた舌が、再び絡みだす。「死」とは、山崎さんにとって特別な意味を持つ。自殺について「昔、考えていたことはある」という彼の闘病記には、リアルな「死」と対峙する彼の深い苦悶が綴られている。一応、健康寄りの私には、想像できても実感できない世界である。

インタビューも終わりにさしかかる頃、近所で時間を潰していただいていた奥様を呼び戻そうとしたら、すでにパーテーションを挟んだすぐ裏手にいらっしゃった。息を殺していた、わけではないが突然現れた奥様を見て、それまでになく山崎さんの顔が緩んだ。柔和な表情で「いつからいたの？」「さっきからよ」と会話する夫婦を眺め、微笑ましく思った。同時に、家族を

知らずに育った被告人に思いを巡らせた。
　結局のところ、車いすであること以外は何も障壁はなく、一人の人間として裁判に臨み、そして悩み、少なからぬ衝撃と変化を持ち帰ってきた点で、私たちと何も変わらない。裁判員制度は、身体の不自由な方々に対してフルフラットなバリアフリーを確保しているようだ。
　彼の深まる思考は、「生」への原動力として、いっそう活発に巡り続けるだろう。裁判員経験について彼がしたためた私小説を拝読した。印象深い一文を失敬する。

　　**生きなければいけない。生きて命の意味を見つめなければいけない。（中略）死ぬまで生きなければいけなかった。生きているということには、それだけの意味があるのだ。**

（インタビュー日：2013年6月25日）

# 裁判員だけの本音トーク

Dさん

公判期日
2012年1月17日〜2月24日／さいたま地方裁判所

起訴罪名
殺人罪ほか

裁判員は語る

## 県内初の死刑

　さいたま地裁の裁判員裁判で死刑判決と言えば、裁判員史上最長と言われる「100日裁判」を記憶している人が多いだろう。センセーショナルな事件内容と前代未聞の長期裁判でマスコミを賑わせた裁判員裁判だった。この100日裁判とは別の法廷で、保険金殺人など2名の殺人を起こしたとして、被告人に死刑を言い渡した裁判員裁判が行われていた。100日裁判の初公判日からちょうど1週間後に選任手続が行われ、100日裁判が結審するより先に判決公判を迎えたその裁判は、大きく脚光を浴びることはなかった。だが、実は埼玉県内初の裁判員裁判による死刑判決であった。

　Dさんは、パートタイムで働く2児の母である。普段から天真爛漫としている彼女が、ときに言葉を詰まらせながら、目を伏せて黙考する姿を見て、やはり究極の刑罰を判断することは、どんな人でも重いものを背負うのか、と痛感させられた。

　「ノンフィクションものの本が好き」というDさんだが、裁判や犯罪などに

ついては、「あまり興味がなかった」と言う。ただし、「裁判員をやってから関心を持つようになり、(関連する)本を読みあさった」ということだ。厳密には公判中から保険金殺人の本などを読み始めていた。

> (今までも)世の中には悪いことをする人がいるな、死刑のニュースを見ても当然、仕方ないのかなと思って見ていました。(本は)特に量刑について参考になるかな、と思いました。なるほど、保険金殺人とはこういうものか、と。仕事柄、保険については基本的な知識はありました。それなりに役に立ちました。

日頃から図書館に通う彼女が、ノンフィクション作品を手に取るのは、知らない世界を知りたいという欲求、好奇心によるものらしいが、死刑に関わるということは好奇心だけでは支えきれない、重いおもりが心の中に落ちていったに違いない。淡々と彼女が語る言葉の深層に耳を傾けたい。

## どうやってつながるのだろう──選任手続

呼出状を受け取ったとき、記載してある公判期間がやたらと長いなと思ったそうだ。

> 普通は3、4日から1週間くらいのはずだと思っていたので長いなと。でも、私が選ばれる確率は低いだろうと、軽くのんきに考えていました。ただ、選ばれた場合には、仕事を休まないといけないので、(職場には)ちゃんと言っておかなきゃ、ということは思っていました。
>
> 選ばれた場合には、これだけ休みますよと伝えるために(呼出状の)日程表をコピーして貼り出しておきました。上司からは「本当に来るんだね、国民の義務だからがんばってきなさい。それにしても長いよね」と言われました。上司のほうが、裁判員制度に興味があったのかもしれません。

職場では、1週間の仕事をパートタイムで分け合っている。だから、Dさんが抜けることによる影響はそれほど大きいものではなかったと言う。さらに公判中は有給扱いだった。

> 裁判が1月半ばからで、ちょうど(年度末を控え)有給消化をしなければいけ

なかったんです。1週間に3日しか勤めていないので、あまり有給の意識がありませんでした。

そんな職場を「とても恵まれている」と彼女自身も認めている。では、それまで「（裁判所の向かいにある）県庁の近くで結婚式を挙げたくらいで、あるのは知っていたが入ったことはない」と言う初めての裁判所はどういう印象だったのだろうか。

　もっと堅苦しくて物々しいのかな、と思っていたら、普通に役場みたいでした。候補者控室も会議室みたいで、テーブルがあって、一方向に向かってみんな黙って座っている感じでした。5、60人はいたと思います。紙を渡されて事件概要を説明されました。
　これか、これは殺人事件なんだ。殺人？！　えーっ！　といった感じで、見当もつかず漠然と重いものなんだろうなって、殺人で、詐欺で、銃刀法違反ってどうやってつながるんだろうと思いました。（事件）内容についてはあまり考えていなくて、単純に経験そのものが貴重なものだな、とだけ捉えていたので、いったい（被告人は）何をやったんだろうって想像していました。
　個別質問はありませんでした。（個別質問が）ない人は、「裁判所をご案内します」と言われて、10人くらいずつ見学ツアーに行きました。国会見学みたいなノリで、選ばれなかったときに、せっかくだからと思って行きました。まさか、その直後に自分が選ばれるとは思っていませんでしたから、「ここが法廷か……」と。それが初めて法廷に足を踏み入れた機会でした。

自分が関わるかもしれない重い事件に驚きつつも、「何事も経験」と目の前のものに貪欲に取り組む彼女の前向きな姿勢がうかがえる。やはり選ばれるべくして、という理由は後付けではないのかもしれない。それでも選ばれたときに、「よし、やってやろう」とまでは思わなかったそうだ。

　（選任されたときに）「なんで私が……こんなにたくさん（候補者は）いるのに……」と思いました。重い事件だとは分かっていましたが、心の準備ができていなくて、実感はあまり湧かなかったです。明日から長期間仕事を休まないといけない、職場に迷惑をかけるなとか、義務だから果たさなければいけないとか、そんなことを考えていました。

157

> 評議室に案内されて、宣誓書を読み上げました。その前後だったか、裁判長から事件の詳細を聞いて、生半可な気持ちではいけない、選ばれたのだから一生懸命取り組もうという自覚が芽生えてきました。

このくだりを裁判所、裁判官はどう受け止めるだろうか。好奇心が入口だとしても、宣誓することにより戸惑う気持ちが吹っ切れたようだ。私自身は、宣誓手続の記憶が断片的で文言すら覚えていない。まだ動揺の渦中にいたのだろう、我ながら情けない。ともあれ、20代から60代までの裁判員6名と補充裁判員4名が選ばれた。この後、1か月超にわたって濃密な時間を共に過ごす合議体が構成された。

> 選任手続は午後からでしたので、裁判は翌日から、午後5時過ぎに裁判所を出たところで、職場の上司と家族に連絡しました。上司は「そうか、じゃあ頑張ってください」と、夫は「選ばれたのかい、あ、そう」という感じでした（笑）。うちは、私の母と同居なので、家事一般の不都合はなかったです。夕食は母が、朝は私が作るという形でした。

つくづく裁判員を務め上げた方たちの影には、家族と職場の理解があることを思い知らされる。勤務先に掲示した公判日程表と同じものを台所に貼っておいたというDさんは、翌日から裁判員として裁判所に通うことになる。

## 間違っては大変だ──公判

被告人は、共犯者である従弟と共に、保険金目当てで親族ら2名を殺害したとされたが、公訴事実を否認していた。そのため公判期日は2012年1月17日から2月15日まで設けられ、2月24日が判決公判と長期間に及んだ。冬将軍が猛る中、降雪もあり、電車の遅延など「心が折れそうになった」とDさんは言う。

> 裁判所に行く途中の坂道で、みんな転んでいました。裁判長が札幌に赴任していたことがあって、雪道の歩き方をレクチャーされました。

確かに、さいたま地裁は浦和駅から行くと、一度窪地になり再び坂を上がったところにある。あのアップダウンは雪が降るとたまらない。自宅から

裁判所までは1時間強。気の抜けない日々だったと思う。それでも、すべての公判が時間どおりに開廷されたというから素晴らしい。彼女だけでなく合議体全員の意気込みが感じられる。Ｄさんにとって、知られざる世界であった裁判が正真正銘のノンフィクションとして始まろうとしていた。

　　前日に、法廷で椅子に座ったり、お辞儀の練習をしたりしました。「これから何十回もやるんですよ」と言われていましたが、いよいよ初公判のときに、これは練習じゃなくて本番なんだ、と。傍聴人や検察官、弁護人、それに被告人からも視線を感じてすごく緊張しました。傍聴席は満席に近かったです。
　　被告人は、パッと見は普通の人なんですけれども、よく見ると人相が悪くて……目つきがもともと悪いんだと思います。いかつい感じの目つきで眉をひそめる。ふてくされているという感じではないのですが、いかにもという印象を持ってしまいました。まだ被告人なんですけれど……。怖いな、ということもありましたが、しっかり見なければとも思いました。

　検察官側寄りの席だったという彼女は、被告人からの距離はあったが、全体がよく見えたと言う。法曹三者はどうだろう。

　　検察官からは、カラー刷りの人物チャートとか、時系列の事件概要などを配られました。それがよくできていて、意気込みを感じました。男女一人ずつのペアで、どちらも大きな声で、はっきりとした口調でよどみなくしゃべってくれました。裁判員に分かりやすい裁判を心掛けているな、という印象でした。
　　弁護人からは、白黒の更紙コピーだけで図などはなく、力が入っているのかな、と思いました。印刷してあるものを読み上げているだけでしたが、語尾がはっきりせず聞き取りにくかったです。比較するものが検察官と弁護人のものしかないので、それがあまりに対照的でした……でも、言っていることは一応分かりました。「実行犯は共犯者のほうで、被告人は関わっていない。巻き添えだ」と、言いたいことがそれだということは分かりました。
　　否認していることを知ったときは、「わっ否認！　しかも完全否認なんだ」と思い、裁判にかかる比重、証拠調べは大変なんだなと率直に思いました。認めていれば、量刑だけを考えればいいのに、罪を犯しているかどうかを判断するところから考えなくちゃいけない。間違っては大変だなって……。

取調べ段階では自白調書に署名していた被告人が公判で主張を翻す。ままあることだが、自白調書に頼りがちな従来の刑事司法に、「間違っては大変だ」という裁判員の感性が一筋の光明を差すことに期待したい。他方裁判官には、好印象を抱いたようだ。

　　初めは世間知らずの頭でっかちなイメージがあったのですが(笑)、頭の回転が速くて頼もしい感じがしました。法律用語なども分かりやすく説明してくれて理解できました。あと、記述もすごく速かった。
　　(証人尋問などの)質問は、私たちから直接聞くのではなく、法廷での疑問を評議室に持ち帰って、裁判官に質問して、まとめて裁判官が代わりに聞いてくれました。答え方がなんとも言えない証人がいたのですが、その人に対する質問の仕方がうまいな、と思いました。(裁判官が代わりに質問することは)まどろっこしいような気もしますけど、自然にそういう形になりました。そのほうが、証人からうまく(証言を)引き出せるかな、と思えました。法廷のすぐ隣が評議室だったのですが、戻ると「質問がある人は？」と。裁判官には何でも質問できました。
　　法廷で裁判長から(裁判員に対し)「質問はありますか？」と聞かれるのですが、誰も何も言いませんでした。でも、1回だけ私が発言しました。証人に対して咄嗟に浮かんだ疑問だったのですが、発言したあとに「あ〜っ、被告人に声を聞かれてしまった」と思いました。

　公判全体において分かりにくいところは、休廷の度に裁判官への質問で解消できていたというが、切れ切れの審理に、証人は疲れの色を見せていたという。また、弁護人の尋問には、証人も裁判員や裁判官も難儀していたようだ。

　　(二人いた弁護人のうち)声が大きい方は聞き取りやすかったのですが、もう一人の言葉が不明瞭で、語尾もはっきりしなくて困りました。証人も、「今の質問が聞き取れなった」とか「質問の内容がよく分かりません」など率直に言っていました。裁判官からも、「もっとはっきり質問してください」とか「質問の意図は？」などと指摘されていました。
　　だいたいこういうことが聞きたいのだろうな、という趣旨は分かりました

が、評議室では、裁判員全員が「分かりにくいね」と言っていました。裁判官も同様で、「何が言いたいのかはっきりしない」というようなことを言っていました。聞き取りにくいと分かりにくい、の両方でした。

　弁護人としては痛恨の極みだろう。もっとも、検察側と弁護側のどちらから召喚された証人かで流れは違うようだ。被告人質問のときの弁護人に分かりづらい印象はなかったと彼女も言う。打ち合わせができるかどうかは大事な要素だ。とはいえ、弁護人には、検察側の証人であっても、反対尋問において被告人に有利な証言を引き出せる技術とセンスもある程度は欲しいところだ。
　Dさんが公判中に強い印象を受けたのは、被害者遺族の証言や意見陳述であった。

　　2件(の殺人)なので、それぞれのご遺族が傍聴席にいました。特に保険金(目的)で殺害された家族というのは、心から怒っているというか、被告人に対して憎しみを抱いているというのが、ひしひしと伝わってきました。

　どんな理由にせよ家族を突然失う悲しみは察するに余りある。他方で、証人尋問の際に、首をひねったり、かぶりを振ったりするような態度をとる被告人に対し疑念が湧いてきたそうだ。

　　被告人質問は、後付けの理由を無理矢理言っているなと、言い逃れっぽいように感じました。(弁護人による)最終弁論も、無罪主張は無理があるな、(殺人ではなく)事故だというのも有り得ないと思いました。

　そして、検察官からは死刑の求刑がなされた。そのときの被告人も、彼女の目には「普通に落ち着いていた」と映ったようだ。

　　(被告人による最終意見陳述の際)紙を読み上げていたんですけど、自分は犯人に仕立て上げられた、と言っていました。(紙を持つ)手が震えていました。でも、それは死刑を求刑されているし、やっていないという強がりを言っているから震えているのかな、と思いました。
　　(取調べ時に)自白したときの録画映像を見ましたが、法廷の顔つきと違って

すっきりした感じでした。(自白調書への)指印をした後、(指を拭う)ティッシュを受け取るときに、お辞儀をしていたのが脅かされてというふうには見えませんでした。

　結審するまでの約1か月間、途中で中間評議として話し合っていたとDさんは言う。裁判官からは、「(最初のうちから)相当重いですから覚悟していてください」と言われていたそうだ。まるで死刑求刑を予見していたかのように、というのは穿ち過ぎだろうか。

## 子どもはどうなるのだろう──評議〜判決
　保険金目当ての殺人だったとしても、被害者2名で死刑は思い悩む判断だったと思う。陰鬱とした評議室を想像してしまう。

　　　昼食後の休憩が長かったので、雑談でみんなと打ち解けました。最後まで頑張って乗り切ろうという感じでした。でも、そういうざっくばらんな雰囲気は裁判員だけになったときだけで、裁判官が(評議室に)入ってくると「シーン」って、学校の教室みたいでした。

　授業前に騒ぐ生徒が、先生が入ってきた途端に大人しくなるといった感じだろうか。分からなくもない。Dさんは、「裁判官がいなくなると、みんながしゃべりだす」と笑う。裁判官の、裁判員に対する間合いが詰め切れていなかったのかもしれない。気兼ねしない「本音トーク」と「シーン」とする評議室、どちらでの議論が寄与したのかは分からないが、中間評議を挟んである程度の方向性は定まっていたようだ。刑事裁判の原則はきちんと説示されていたのだろうか。

　　　「疑わしきは被告人の利益に」というルールは一番初めに裁判官から言われました。(犯罪を)やったという証拠がなければ、被告人はやっていないということと同じになる、というような説明でした。
　　　あと、「前の晩に星空が広がっていたのに、翌朝起きたら一面の雪景色だとしたら、雪が降っているところを見ていなくても、夜中に雪が降ったと判断することは、不自然で不合理なことではない」と言われました。どの段階で言われたか忘れましたが、2回くらい言っていたと思います。たとえ直接証拠

がなかったとしても、情況証拠から分かるはず、というふうに私は捉えました。

　私は思わず自分の耳を疑った。同時期に別法廷で行われていた100日裁判において、検察官が論告求刑で論じた例え話そのままである。前述のとおり、Dさんの担当した裁判は、100日裁判の結審（つまり論告求刑）より2週間以上も前に判決公判を終えている。もしかすると、法律家にとっては馴染みの文句なのだろうか。恐ろしいのは、検察官ではなく裁判官の口から発せられたことだ。

　　他の人（裁判員）は分かりませんが、私には検察官の有罪主張に疑問点が見つけられませんでした。他の裁判員は、客観的証拠はあるか、証言に不自然な点はないか、など私一人では気づかない視点を持っていて、「ほぉ、なるほどなぁ」と感心しました。特に男性裁判員は、凶器を持ち出した家の間取り図を（見たいと）求めたりして、思いつかない視点でした。

　裁判官と一緒にテーブルを囲む評議の場は、自分から率先して発言する裁判員はいなかったと言う。裁判官から促されてする発言を、「聞き出されていた感じ」だったと彼女は言う。そのうえ、裁判官からはあまり意見を言わないものだから、より一層「シーン」とした評議室だったそうだ。有罪という結果に彼女は、「事実認定に迷いはありませんでした」という一方で、「量刑が重くて辛かった……」と話す。

　　論告求刑のときに聞いた、被害者遺族の意見陳述が気の毒で重かったです……。自分で、インターネットとか本とかで、被害者が二人の殺人事件の判例を調べたりしました。でも保険金目的については一人なので、量刑が難しいなと思いました。
　　裁判官からも、保険金目的の殺人事件はどういう事例があるのか、という資料をもらいました。被告人は別々の機会に二人を殺害しているので、判例を見た限りでは重いなと。一度に二人よりも重い。ましてや、保険金をせしめている。だから、より重いのではないかと思いました。ちょうどその頃、光市母子殺害事件（被害者二人）の差し戻し裁判の判決がニュースで報道されていて、未成年でも死刑になる、と。評議のときに話題に上りました。

この事件は共犯事件である。共犯者もやはり裁判員裁判で判決を受けてすでに確定していた。共犯者の判決は無期懲役だった。

　　他の裁判員がインターネットで調べてきて、実行犯だった共犯者が無期懲役で確定していることを知りました。その(共犯者の)裁判も私たちと同じ裁判官たちが担当していたことも分かりました。このこと(共犯者と同じ裁判官の合議体であること)は裁判官からは何も聞かされませんでした。でも、私たちの中では共有していました。

　裁判官が評議室にいないとき、裁判員だけの「本音トーク」だそうだ。さいたま地裁は決して小さい規模の裁判所ではない。この事件が同じ部の合議体に係属したのは偶然なのか、あるいは何か別な理由があったのだろうか。いずれにしてもきちんとした説明がなければ、不信感を誘うだけのような気がする。
　やがて、Ｄさんたち裁判員誰もの脳裏に「究極の刑罰」がぼんやりと浮かび始めた。

　　みんな悩んでいました。よどみなく「死刑」とは言えずに……。(死刑の判断に)関わっているということ自体が重くて、量刑へのプレッシャーなのかな、この頃は夜中に目が覚めました。人の一生を左右してしまうこと、ましてや命を奪う究極の判断が重くて……嫌な夢もよく見ました。息子が裁判で死刑になる夢です。それを、私が横から見ているというような、同じ夢を何度も見ました。

　どんなに強い精神力を持っていても、人の子である以上は、命を奪うような判断を前に躊躇するものだろう。子の親であれば、なおさらだ。見えない重圧に苦しむ彼女の話に、深く同情する。それでも決着をつけなければいけない瞬間は訪れる。

　　重苦しい空気でしたね……(評議室は)とても静かでした。静まりかえっているというか……。
　　この日の帰り道、地元の駅を乗り過ごしてしまいました。やっぱり堪えて

いたのかな、身体に負担がきたのかなと思いました。次の日は、もともと評議の予定でしたが、評決したので休みになりました。でも、何をやっていたのか覚えていません。

見えない重圧が、見える形で表われ始めたのだろうか。審理日程では、判決日の前日は休みになっていたので、彼女は仕事を入れていた。だが、失念していたそうだ。

その日の地元紙朝刊に、「明日、判決」という記事が出ていて、自分たちが関わったことが明日決まるんだ、(法廷で)死刑って言うのかなと……。上司や夫も(新聞を読んで)知っていたはずですが、放っておいてくれました。家族を巻き込みたくなかったので、(判決のことは)言いませんでした。

彼女の心境を察していながらもそっとしておく家族の気遣いと、家族に心配や負担をかけまいと打ち明けない彼女の配慮、彼女が築いてきた温かな環境に感じ入る。
そして翌日、2月24日に判決公判を迎えた。初公判からすでに1か月と1週間が経過していた。開廷前、法廷のすぐ隣にある評議室では裁判員たちが最後の雑談をしていた。

わざとなのか、裁判の話題には誰も触れませんでした。裁判長から、判決後の記者会見に協力してもらえないか、という話がありました。あと、守秘義務について、定義が曖昧だと言われました。(罰則が)けっこう厳しいとも言っていました。

意識的に皆が避けていたのだろう。誰もが内心では、「埼玉県で初めての死刑、というのを重く受け止めていた」そうだ。長期裁判の締めくくりは、やはり長い判決言渡しだった。

長い感じがしました。1時間も読み上げっぱなしで、裁判長は大変だな、すごいなと。時々、傍聴席を見ながら、被告人の顔も見ていました。被告人は、公判のときと変わらない感じでした。
傍聴席には、被告人の奥さんがいました。裁判長が、(主文後回しで)理由を

> 読み上げているうちに、泣きはじめたのを見て、奥さんは(死刑判決であることが)分かっているんだ。泣かせているのは私たちなんだ、と思いながら聞いていました。奥さんやその子どもはどうなっちゃうんだろう、私がその子のお父さんを奪うことになっちゃうのかな、という気持ちになりました。

　悲愴感の漂う法廷を想像し、胸が詰まった。それでも迷いはなかったというDさんだが、その後、被告人が控訴したことを知ったときの複雑な心境をこう表現する。

> 控訴されたのを知ったときは、「やっぱりね」と思いました。夜も眠れないくらいに悩んだ結論を受け止めて欲しい、でも、間違っていたらと思うと執行されてしまうことは怖い……。高裁などできちんと精査して欲しいと思います。

## またできるか？──裁判後

　裁判員の体験の一つとして、Dさんは記者会見に出席したそうだ。予定より2時間近く遅く帰宅した。その日は、事前にケーキを予約していたと言う。

> 家族に「お疲れさま」というつもりで、ケーキを買って帰りました。母だけでなく夫や息子にも気を遣わせてしまって、息子は「お母さんは大変なんだから」と身の回りのことをがんばっていました。でも、あまり普段と変わらず忘れ物が多かったのですが(笑)。

　1か月以上にわたった特殊な日々を支えてくれた家族を労う気持ちが温かい。家族もそうだが、職場でも裁判のことについて特に聞かれることはなく、今までどおり接してくれたそうだ。

> 聞いちゃいけないと思っていたのかもしれないですが、何もなかったかのように……それは、ありがたくもあり、でも、得難い体験をしたので、お話ししたいという気持ちもありました。

　分かる気がする。「でも、自分からペラペラと話すのもなんだかな」と苦笑する彼女は総括としてこう結んだ。

**今回の裁判は、私がこれまで生きてきた中で、体験したことがないくらい全身全霊をかけて取り組みました。だから、またできるかと問われると自信が湧いてきません……。**

　究極の判断をしたその瞬間、心に落ち始めた重いおもりは、今なお底に着くことなく彼女の心の中を旋回し続けている。そのおもりがコトンと音を立てたとき、何か答えが見えてくるのだろうか。

　判決時、嗚咽を漏らす被告人の奥さんを見て、自分たちが言い渡した判決は、単純に被告人だけに科されるのではなく、家族やそのまた周辺にまで及ぶことに気づかされたと話すＤさんは、長期の裁判員で得られた日当の半分ずつを、犯罪被害者支援団体と児童養護施設に寄付したそうだ。次の世代に累が及ばないように、犯罪の連鎖を断ち切る一助になることを願って。

（インタビュー日：2013年7月3日）

# 裁判員「同期」対談

## 同じ釜の飯を食った仲

金井達昌さん×田口真義

公判期日
2010年9月3日〜9月17日／東京地方裁判所

起訴罪名
保護責任者遺棄致死罪

　ここでは趣向を変えて、私と同じ事件を担当した金井さんとの対談を収録した。

　当然、金井さんと私は裁判員をやるまでは、接点のまるでなかった見ず知らずの他人同士だった。裁判員をしていたときもお互いの番号以外は何も知らずに過ごした。互いの連絡先も告げずに解散した合議体だったが、幸運なことに現在では定期的に交流し続けることができている。

　同事件の裁判員同士には「守秘義務」は存在しない。そんな二人の当時考えていたことの異同や交流の軌跡の一部を表現できたらと考えている。

## 二人の出会い──裁判前

　私たちの出会いは、2010年9月3日、東京地裁の候補者控室だった。その日、呼び出された裁判員候補者は約60名、しかし、それに応じた候補者は約半分だった。裁判員制度運用開始から約1年が過ぎた当時、長い公判期間でも1週間と裁判所は「安全運転」をしていた。ところが、私たちに送られてきた呼出状の公判期間は2週間。やりたかったというよりも、「やるべきだ」と思っていた私は、「これだけの期間を裁判員として時間を割ける人は少ないはずだから、選ばれる確率はぐっと上がるな」などと胸算用していた。

田口　僕は自営の不動産屋なので、けっこう融通が利くというか自分でコントロールできたんですけど、金井さんは当時も今も会社勤めなんですよね。

金井　冗談で上司に、「半年から1年は会社にこれないかも」と言ったら、「まったく影響ないから大丈夫」と言われましたよ（笑）。

田口　面白い上司ですね。どんな事件だとかの見当はついていましたか。

金井　まったく。なんとなく「これかな？」みたいなのはあったけれど、説明があるまでは確信が持てなかったですね。

田口　僕もですね。ところで、金井さんは選任手続のときに、しょっちゅうウロウロしていて、そのときに何か落としたでしょう？

金井　あっ！　目薬かリップクリームを落としたかな。僕は身体が大きいし、何度も喫煙所に出ていたから目立ったのかな……他の人（裁判員）にも同じこと言われました。

田口　これは感覚的なことですけれど、僕はそのときにこの人（金井さん）なんとなく（裁判員に）なるかな、と思いましたよ。

金井　自分ではまったくそんな気がしなかった。でも、（当日質問票に）選ばれないような理由を書こうとしていたことに罪悪感があった。自分のことしか考えていなくて……。

田口　それでも、選ばれちゃったわけですね。ホワイトボードに貼り出された自分の番号が見えてどうでした？

金井　うそでしょう！　当たっちゃったの？　という思いと、仕事とゴルフの予約のことで頭がいっぱいでした。ちょうどそのとき、1週間のリフレッシュ休暇でゴルフに行く予定が入っていたんです。

田口　僕は、「本当に選ばれるものなんだ！」と武者震いしていましたよ。たぶん表面的には平静を装っていたと思いますけど。

金井　ゴメン、見てなかった（笑）。それで、選ばれた人たちが息つく間もなく、そのまま宣誓手続室へ。「嫌です」って考える時間すら与えない感じで、時にはこういう強引さも仕事には必要だなと、あの行動の手早さに感心しましたよ。

田口　まるでベルトコンベアに乗せられたみたいでしたよね。宣誓したら別の扉からそのままエレベーターで、次は評議室ですって。

金井　そうそう。周りを見る余裕もなく。

田口　評議室の他に、「特別に」って隣の部屋（評議室）も使わせてもらえて、僕は、休憩のたびにそこで仕事の電話をしていました。

金井　僕は、まず必死にゴルフのキャンセル電話をしていました。裁判員に選ばれたことを伝えたら、みんながうまくやってくれて、ホッとしました。

田口　金井さんが車出すはずだったんでしょう。大変そうでしたよね。

金井　それから、お弁当。初日に、みんなでお弁当を食べましょうって裁判官も一緒になって食べたじゃないですか。それが、いつも無料じゃないにしても、初日の弁当くらいはタダで出してくれ、と思いましたね。だって、田口さんは食事制限あるからほとんど手をつけてなかったでしょう。それでも「お代はいただきます」って普通あり得ないでしょう。

田口　漬け物だけ食べました……。

金井　国民の義務だとしても、気持ちよく仕事をやってもらうならばもっと配慮が欲しかったですね。強制で食べなさいというなら無料であるべき。あれは、田口さんのおかげでそう思えました。

田口　僕たち、座席が正面で向き合っていたから、金井さんが不思議そうな顔で見てたのを覚えてます。あのときは、「まいったな」と思いながらも「お付き合い、お付き合い」と言い聞かせていましたよ。

## 二人の違い──裁判中

田口　入廷するときには、（裁判員）1番の金井さんから入っていきました。

金井　緊張感というのは思ったよりなかったかな。法廷はテレビで見るのとあまり変わらなくて、イメージどおりだった。それよりも頭に残っているのは、これから自分がどういう仕事をするのか、どんな役割なのか、どういうことに神経を尖らせるのか、それを模索することでしたね。

田口　金井さんは肝が据わっているね。僕は周りが全然見えなくて、何をしたらいいのか分からなかったから、とにかく今起きていることを記録しなきゃ、

そう思って法廷で気になる発言や感じたことを必死にメモってました。補充尋問や質問で聞きたいことを箇条書きにして、文章を練ったりしていました。

金井　判断するために、何を理解しなきゃいけないか、というのが僕の力点だった。メモをすると聞き逃してしまいそうだったから、ずっと聞くことに集中していた。結局、メモを見返すこともなく、自分の頭の中に残ったことで判断していましたね。

田口　座席が検察官寄りでしたよね？　検察官の人をだいぶ評価していたかと……。

金井　そうですね。あのときの検察官の説明がよく分かったので、「いい！」と思った。ただ、あまりにも分かりやす過ぎて、検察側のストーリーが正しいと聞こえてしまうのが怖いな……と。これが真実なのかな、と一瞬思ってしまうほどでした。

田口　裁判官に途中で聞いたんです。「なんで、検察側はあんなにテキパキとしているのに、弁護側はシドロモドロなんですか？」と、そうしたら、「仕方ないですよ。検察側の証人がどんな話をするのか、弁護側は法廷に出てくるまで分からないのですから」と言われて、なるほど、弁護人はその場で尋問の組み立てをしなければいけないのか、そりゃ大変だ、と思いました。19人の証人のうち18人が検察側でしたから、弁護人はその場で勝負しているという部分を割り引いて考えないといけないんだなと思いましたね。

金井　そのときは、弁護側はちゃんと仕事しているのか、と思っていたけど、あとから、検察官の役割は有罪立証すること、弁護人の役割はそれに対して弁護することというのが分かった。

田口　金井さんは、1回だけ被告人質問しましたよね。

金井　しました。自分が質問したいことを誰も質問しなかったらしようというスタンスでした。

田口　僕は、ほぼ全員の証人に対して質問しましたが、みんなにも、「せっかくの機会なんだから、疑問に思ったことは何でもいいから聞いてみましょうよ」って促していましたよね。ところで、僕もメモ魔だったけど（笑）、支給品のノートが2冊目に突入していた裁判員もいて、その方は、それまでの争点や論点を整理して評議室のホワイトボードに書き込んでいたりして、ものすごく真剣なんだなと感心したのを覚えています。

金井　その人はそれが得意だったんだと思う。僕は、評議室で自分のできること

はなんだろうと考えていて、仕事柄、人が意見を言いやすい状況を作ることかなと思った。6人選ぶ理由は、全員がそれぞれの役割を果たすということだったんじゃないでしょうか。田口さんには、田口さんなりの役目があったと思う。

田口　確かにそうでしたね。では、評議のときの裁判官の印象はどうでした？

金井　人を本当に話しやすくさせたり、真面目に仕事をやらせたりしているのを見て、裁判官というのは、判断するのが仕事だと思っていたのに、人の心を動かすこともできるんだなと驚いた。そういう意味では、この人たちも選ばれた人たちなんだと思いましたね。

田口　人格者ですかね。話の方向が逸れ始めると、やんわりと軌道修正や補足説明を入れてくれた。

金井　なるべくフレンドリーにしながら、押さえるところは押さえる。僕は、「裁判官が決めればいい。裁判員は、いる必要があるのかな」と思っていて、裁判官と裁判員の違いすらよく分かっていなかったときに、「要は裁判官を口説いてください」と言われて、自分たちがいる意味をすごい納得した。

田口　僕は「説得する」というふうに捉えて、よほどこの人たちの思考に衝撃を与えるような、それでいて論理的な説明をしなければいけないな、と思いましたね。「なんとなくそう感じる」とか「心情的にこうだ」みたいな、主観的、感情的な言葉は通じない、と。

金井　一般の人は、「道徳的」にどうなのか、ということしか判断できないじゃないですか。公判の過程で、ある程度の知識はついてくるけれども、一般的な人は判例なんか気にしないで、道徳的にどうなのか、ということが判断基準になる。

田口　人としての、善悪の分別ですよね。もちろん、とても重要なことだと思います。でも、それ（犯行）をやったか、やっていないかの判断はまったく別の次元で、事実認定については、客観的で合理的な証拠に基づいて厳格にすべきだと思います。そういえば、金井さん、量刑判断のときに、すごいどんぶり勘定みたいなことを言ってたじゃないですか。

金井　刑期を決めるとき、今回の被告人の反省度合いはどうなのか、「中間ですか？　それより重いですか？　重くないですか？」と。あのときは、自分自身が思ったことを言って、反対意見を聞いてみたかったんです。

田口　僕はそのとき「いや、ちょっと待って！」って声を荒げた（笑）。でも、おかげでいろんな人がいろんな意見を言い始めた。あれは金井さんのおかげで

すよ。

金井　判例からすると、僕が言っていたことは無茶苦茶だって分かっていたけれど、じゃあ判例とか常識とかは何のためにあるの、と思っていました。検察官の求刑6年も、何をもって6年なのかが分からなかった。

田口　世間的には軽いのでは、と言われていましたよね。判決（2年6月）も。僕は、被告人のお子さん（当時3歳）に気持ちが動きました。とにかく事件関係者や家族にこれ以上の累が及ばないように、こと子どもについて言うと、就学前に刑期を終えられるようにしたいな、と。

金井　でも、それは考えるべきじゃないでしょうね。だって、殺人罪で死刑になるかどうかで、（被告人に）子どもがいるから死刑にならない、というのは難しいでしょう。子どものことは考慮しちゃいけないと思う。もし考慮するにしても、うーん……考えたら重いほうが子どものためになると思うよ。そこは、僕と田口さんの視点の違いかもしれない。

田口　こういうことがあると、子どもはいじめの対象になりやすいんじゃないかな。子どもって純真ゆえに残酷だから……。そこから受ける負の感情から生まれるのは、次の犯罪。だから、親子の関係性を修復できるギリギリのラインを重視しました。次の世代を生きる子どもたちが犯罪に走るような環境を作りたくなかったんです。

金井　でも、被告人のしたことは、ものすごく悪意が多いと思う。被害者じゃなくて、自分がどうなるか、ということで行動していたから。僕自身も正しく生きてきたわけではないけど、道徳的にはおかしいと思う。ただ、うまく説明するのは難しい。でも、裁判官を口説かないといけないから、とりあえずどんぶり勘定の意見を言ってみました。

田口　被告人は、法廷でどういう態度だったらよかったと思いますか？

金井　反省の態度ですよね。「申し訳ありません」と真摯に謝る姿勢が見られませんでした。

田口　僕は、被告人はそもそも否認していて無罪主張でしたので、本人が自覚のないものに「反省」を求めるのは理屈としておかしいなと思っていました。あるいは、弁護側はもっと高度なことを僕らに求めていたとも思う。

金井　いや、無罪は不可能ですよ。検察官が出した証拠からして無理でしたね。

田口　量刑について今考えると、裁判官は、自分から意見を言わなかったですよね？

金井　でも、裁判官の言ったことを耳にしちゃうと、それが正しいのかな、と脳

田口　のどこかが判断しちゃうんじゃないかと思う。

田口　裁判官が僕たちの議論を聞いていて、「厳しいなぁ」ってボソッと言っていた……。

金井　それは僕も覚えてる。確かに激しい議論だったけど、正直、どう思ったのか……裁判官だけの議論も聞いてみたかったですよね。

田口　評議のときに、時間の延長をしたのを覚えていますか？

金井　裁判長から、「延長してもいいですか？」と一人ひとり聞かれたのを覚えている。みんな責任感が強いんだなぁって思いました。

田口　夕方17時までという予定でしたけど、時間に追われて乱暴に決まっちゃうような気がして、僕が裁判長にお願いして、皆さんに提案してもらったんです。金井さんは、「一晩中でも議論できるね」と言っていましたね。

金井　泊まり込んでもやりましょうよってね（笑）。決めなきゃいけないという気持ちが優先でした。

田口　判決公判の日、開廷の直前に裁判長から、「裁判所は国の機関、だからこれは国家の決定ですから、どうぞ胸を張ってください」みたいなことを言われましたね。

金井　あれは高揚しました。でも、判決のときにすごく緊張していたのを覚えている。被告人に対してドキドキしていたのか、世間に対してだったのか……いまだによく分からない。

田口　それは、被告人と世の中、どちらを納得させるかということですか？

金井　そこは気にしていた。緊張していたのはそのせいかな。

田口　僕は、被告人に対して、判決にこめた思いが伝わってほしい、と願って正視していました。

## 二人のその後——裁判後

金井　最終日は、連絡先とか聞かなくていいのかな、と思いながら別れてしまいましたね。

田口　僕も同じことを考えていました。でも、記者会見のあとの騒然とした中で、気がついたら誰もいなかった……。

金井　同じ釜の飯を食った仲間のような気がしていたから、連絡先を交換したいと言い出せなかった自分が悲しかったです。

田口　そのあと、記者さんを通じてつながったんですよね！　僕の中では、「1番さん」がこの顔というふうに記憶していたのが、「金井さん」という個人に

つながった。

金井　僕も、「4番さん」が「田口さん」になった。けれども、一部の人以外は、その後も会っていないから、番号と顔しか覚えていない……。

田口　同事件裁判員では、僕と金井さんが一番よく会っていますね。同じ釜の飯も実際に食べたし（笑）。振り返ってみて、裁判員経験から得られたものは何でしたか？

金井　会議というのは、ああいうものなんだと。（会社で）普段やっているのは、上司の意見を通すものだったり、確認するものだったりして、ただのコミュニケーションだって気づいた。会議のやり方が変わりましたよ。

田口　じゃあ、裁判員制度そのものはどうでしょう？

金井　死刑判決の心理的負担が大きいことや守秘義務のこと、メディアからの取材でもすごく強調しているのに、なかなか議論にならないですよね。他の人たちが関わりたくないというのは、そういうところもあるんじゃないかな。自分たちの意見が通らな過ぎる。

田口　僕たち裁判員経験者が声を上げても、耳を傾けることすらしないからみんなが沈黙してしまうのかな。

金井　（裁判員経験者）それぞれの生活があると、時間がとれないということをいいことに物事が変わっていかない。小さな力が集まらないと難しいと思う。進化というのは、時間がかかるんですかね。

田口　僕はただ、問題があるのに目を逸らすのは違うな、と感じているので、何もしないよりかは、何か1ミリでも動くことに意義があると思っているんです。

金井　僕は、意見を言えるけれども、それが正しいのかどうか分からないから迷うときもある。でも、こういうのはいろんな意見を聞いたうえで、決めて欲しいと思うね。

田口　正しいかどうかは、僕も分からないですよ（笑）。少なくとも、迷ったときはみんなの意見を聞く、それが民主主義だと信じています。

金井　超個人的意見としては、裁判員制度をなぜやっているのか？　その根本を見直さないと、何も進まないと思っています。

田口　今は、裁判終了直後のアンケートが僕たちの声のすべてになっていて、だから、「やってよかった」がすべてだと思われている。時間とともに少しずつ変わっていくものなので、半年とか1年後に定期的なアンケートをとったほうがいいと思っています。

金井　それができないから進まないんでしょう。

田口　あらためて、他の裁判員経験者の話を聞いていると、同事件の裁判員にもう一度会いたいという人はけっこう少ない。

金井　事件にもよると思うけど、例えば、敵対していた高校野球の球児達が過去の話をしても面白いけど、裁判の話は面白いのかな？

田口　なるほどね。でも、ものすごく本気で話し合っていたし、自分の世界が広がったのに、もったいないなと。裁判のこと以外でも、もっと付き合いが広がるのにと思っているのですが。やっぱり過去のことにしたいのでしょうか。

金井　僕たちみたいに連絡をとりあって交流を続けているというのが（裁判員経験者）全体のごく一部というのが残念ですね。かといって無理して集まるのもね……。

田口　僕たちが長く付き合っているのはなぜでしょうね……。でも、縁あって知り合ったわけだから、その後も交流を続けるような人たちがもっと出てくるといいですね。

（対談日：2013年8月13日）

# 専門家に聴く

## 杉田宗久さん

同志社大学法科大学院教授。1982年4月裁判官に任官後、大阪・福岡・東京・高知の各地裁および大阪高裁に勤務。この間、司法研修所教官等も歴任。裁判員裁判には準備段階から深く関わり、施行後も19件の裁判員裁判を裁判長として担当。2012年3月に退官し、同4月から現職。著書に『裁判員裁判の理論と実践』(成文堂、2012年)などがある。

## 裁判官に問われる「人間力」

　私が、裁判員裁判を担当したときに、裁判員に対して特に配慮した点としては、まずは評議で思いっきり自分の意見を述べてもらうということだった。裁判官の中には、そのために、ファシリテーション等を勉強している人もいる。具体的には、裁判員の方が選任されたときから、いかに円滑なコミュニケーションを築くか、的確な意見を述べてもらうか、という点に気を配っている。

　裁判員の方々と一緒に弁当を食べたり、外食したりしているのも、そこでざっくばらんな会話をして緊張を解いてもらい、少しでも意見を言いやすい雰囲気をつくり出すための工夫の一つである。

　ちなみに、私の司法研修所での教え子で裁判官になった人の中には、裁判員裁判を担当するにあたり、心理学などの周辺諸科学を勉強したり、話し方教室に通ったりしている者もいる。もともとそんなに話すのが苦手とは思えないのだが、いろいろ努力しているんだなと感心した。検察庁は、組織的にプレゼンテーション講座などの研修をやっているようだが、裁判所はそこまでやっていない。内部で各人のやり方・工夫等を紹介し合う程度だ。あとは、自己研さんでやっている。

　皆さんのご感想を読んでいると、評議では話しやすかったという人が多かった。評議の運営については、模擬裁判以来、試行錯誤の連続だったように思う。

　裁判官は評議の早い段階ではあまり積極的に意見を言わず、言うとしてもある程度評議が熟してからというのが望ましいだろう。裁判官が最初から意見を述べると、裁判員がどうしてもそれに引きずられる傾向があるというの

が正直なところだ。とくに裁判長の場合はそうである。裁判長は、まずはファシリテーターに徹するべきであるというのが私の持論だ。

ただ、確かに、裁判官が最後に意見を言うと「後出しジャンケン」じゃないかという田口さんのご意見にももっともな面もある。裁判官が意見を言った場合には、それも踏まえてさらに評議を尽くすべきだろう。最後に意見を述べて、「はい、終わり」というのでは、「後出しジャンケン」だと言われても仕方がない。

大事な問題なのに、裁判員同士で議論が深まらないうちにあっさり結論が出てしまいそうになったようなときは、問題点を掘り起こすという意図で、あえて陪席裁判官が反対意見を述べたり、陪席同士で議論したりする場合もある。また、良いご意見を言おうとされているんだけれども舌足らずなためになかなかその趣旨が伝わらないというような場合には、陪席がそのご意見をフォローするということもある。そういう意味で陪席がどういう人かは重要だ。裁判長よりも右陪席がフォローするというのがポイントで、裁判長ばっかりしゃべっているというような評議は最悪である。

田口さんと金井さんの対談で、裁判官が「私を口説いてください」というのは、すごい発言だなと思った。人によっては、上から目線にも採られかねないから、リスキーとも言えるが……。結局は、裁判官一人ひとりの「人間力」が試されているんだろうと思う。

## 合議体の雰囲気づくり

インタビューの中で、裁判員の方々が最初に自己紹介するくだりがあったり、裁判員どうし本名で呼び合ったりする裁判体があったのは意外だった。私の裁判体では、互いにできるだけ不必要に個人情報を開示しないという方針で裁判員どうしは番号で呼び合っていた。だから、最初から自分の趣味を紹介したり、しかもそれを嫌がる人はいなかった、というのは驚いた。それらの裁判体では、重い事件だけに裁判員どうしが一刻も早くお互いに親しくなれるように気を配っておられたということだろう。

また、インタビューの中で、裁判官も含め「全員が裁判員で、全員が仲間」のように感じたという感想があったが、裁判員裁判の合議体としては、これが理想だと思う。

合議体の雰囲気、話しやすさというのは、集まる人たちの人柄や地域性にもよるところがあるだろう。おとなしい方ばかりが集まると、議論を活性化

させるのに難しい面があるのも事実である。私の経験では、大阪はよくしゃべって頂ける方が多かったように思う。また、評議の際に、裁判官がその地の方言を話せると、議論の活性化に有用だと思う。法廷ではあえて方言を用いないという裁判官もおられたが、私は、大阪生まれの大阪育ちということもあって、大阪の法廷では、普段どおりの大阪弁を使っていた。少しでも被告人や証人に心を開いてもらうという意味で有用だったんじゃないかと思うし、それは裁判員とのコミュニケーションという面で非常に役立ったのではないかと思う。

## 被害者参加にはもっと配慮を

　被害者のご遺族が遺影を持って傍聴席におられるのが見えたというコメントがあった。ご遺族の気持ちはよく分かるのだが、遺影は非常にインパクトが強い。私は、法廷では裁判官や裁判員に遺影が見えないように配慮するよう訴訟指揮をしてきた。

　というのも、私が初めて刑事裁判を担当したときの経験があるからだ。当時被告人は柵の前に座るのが一般的だったのだが、その席のちょうど背後にあたる傍聴席に、被害者の母親が遺影を持って座っておられた。裁判長からは死角になり、陪席裁判官つまり私達の位置からしかそれは見えなかったのだが、審理中、被告人の態度を見ようとすると視界にそれが入ってきたため、それが気になって審理に集中できなかった。

　そのような経験があるものだから、自分で訴訟指揮をやるようになってからは、ご遺族の方には、判決期日以外の公判期日には、審理中、傍聴席の2列目以降に座っていただいた上、ご遺影に覆いをかける等して裁判員・裁判官の目に絶対に触れることのないようお願いをしてきた。遺影のインパクトは、裁判員の場合もっと大きいだろう。遺影には元気な頃のお写真が選ばれていることが多いから、そのあとに被害者のご遺体の写真の調べをすることになれば、両者の落差に強い衝撃を受けられるのではないかと思う。もっと配慮が必要だろう。

　それから、被害者参加人としてこられたご遺族が、被告人質問の際にテーブルを叩いたりしていた、そしてそれは遮へいのため一部の裁判員にしか見えない、でも他の裁判員には音は聞こえる、という事例の紹介もあったが、これも問題だと思う。裁判体に対する無言の圧力になっているのだから、裁判長が注意すべきことだ。被害者のご遺族も法廷におられるときは、審理に

協力してもらわないといけない。まずは被害者参加弁護士を呼んで注意するとか、それでもなお改善しない場合には、端的に被害者参加人ご本人に直接注意すべきだろう。こうした状況は、結局は被害者参加人にとっても好ましくない結果になるのではないかと思う。

総じて、裁判官は被害者ご遺族の言動等に注意を与えることにやや慎重なスタンスをとる人が多いのではないかと思う。ただ、それが裁判員にもインパクトが強いという事実を考えると、裁判の公平性や冷静な審理とのバランスを考慮する必要があるように思う。

## 裁判員からの質問は自由に

補充尋問において、裁判長が裁判員に対して「イエスかノーで答えられるような形で聞いてください」という説示をしたという事例の紹介があったが、この質問形式の制限については趣旨が不明だ。対話形式でも、自由に聞いてもらうほうがよいのではないか。確かに、放っておくと被告人や証人に説教してしまう裁判員もおられるので、ある程度制限的になるのかもしれないが、せっかく裁判員からよい質問が出る可能性があるのにそれを遮ってしまうことは残念だ。

また、裁判員が直接聞くのではなく、裁判官がまとめて聞くという事例もあった。死刑事件ということでの配慮かもしれないが、裁判員の生の言葉で聞くことに意義があるのではないだろうか。何か問題があれば、裁判長が介入して裁判員の質問をフォローしてあげればよい。裁判員の中には、直接聞くことには勇気がいるという方もいるかもしれないが、励ませば聞けるという方もいる。

私は、補充尋問前に休憩を入れ、裁判員と一緒に補充尋問に関する打合せをしていた。どういうことを尋ねたいかみんなで出し合った上、質問の仕方等に関し裁判員に若干のアドバイスをしてあげたりするのである。また、補充尋問を系統的に行うために、関連する質問はこの順番でと調整することもあった。あちこち話が移るのは、答えるほうとしても戸惑われるのではないかと思われたので。

さらに、専門家証人に補充尋問をしたところ、「素人が何を言うのか」というような態度を取られてへこんだという事例の紹介もあった。そういうときは、裁判長がすかさずフォローし、「裁判員の方のご質問の趣旨はこういうことだが、さらに具体的に聞かせてください」と質問をするという配慮が

あってもよかった。こういうことがあると、裁判員の方も質問する意欲がなくなってしまうのではないかと思う。

## 裁判官と裁判員の情報格差

　裁判官と裁判員の情報格差の問題も指摘されていた。特に、公判前整理手続で議論された内容が裁判員に伝わっておらず、被告人と共犯者がどこで出会ったのか分からない、「明日になれば分かる」と裁判官から言われた、というくだりだ。裁判官だけが情報を持っているような態度を見せると、いくら裁判員と裁判官は平等な立場だと言っても説得力がない。公判前整理手続の段階で得られている情報で、重要と思われるものは、最初の段階から積極的に裁判員に提供すべきだ。

　共犯がいる事件で、同じ裁判官が担当した共犯の裁判で無期懲役になったことを、裁判員の一人がネットで調べて初めて知ったという事例もあった。そのケースでは、裁判官のいない場で、裁判員どうし、裁判官と違う認定はできないんじゃないか、と話していたとのことだと聞いた。しかし、そういう疑念を裁判員に持たれるようだと自由に評議できなくなる。共犯者について、同じ裁判官が担当することはよくあることだが、共犯者が有罪だが、被告人は無罪ということもあり得る。裁判官は、裁判員にそのような事情を説明した上、共犯者は共犯者として被告人については一から有罪か無罪を検討しましょうと説明すべきではなかったかと思う。

## 量刑データベース

　いわゆる量刑データベース（量刑検索システム）の取扱いについて、裁判員としては、これを見るとしても、その影響度合いを自らコントロールしながら見ていたというご意見が少なからずあったのは興味深かった。

　私が担当していた頃は、量刑データベースの結果を示すとしても、最初からではなく、ある程度量刑事情について評議してから、これを示していた。最近は、もっと早い段階で示していいのではないかという意見が強くなって来ている。この点、裁判員と裁判所のスタンスに乖離があるように思う。量刑データベースを参考にするとしても、やはりある程度、議論を尽くした後に見てもらうべきだろう。最初から見てもらうと、裁判員はどうしても影響を受けてしまうし、また量刑判断に裁判員が加わっていることの意義についても裁判員に疑念を持たれかねないのではないかと思う。

これは、量刑の方法論とも関係する。行為責任主義の観点から、行為の重さをまず基準とするならば、量刑データベースの結果を基本としつつ、一般情状によってその軌道修正するというのが一般的なやり方だとも言える。ただ、これをあまり平板にやってしまうと、量刑が画一的になってしまうのではないか、弁護人の情状弁護活動の位置づけが矮小化されてしまわないかなどの心配がある。行為責任主義は大事だが、もう少し柔軟に量刑立証を許し、その位置づけを考えるということもあってよいのではなかろうか。

## 裁判員への精神的ケアはもっと必要

　死刑事件の経験者の方々のお話は非常に参考になった。審理中に息子が死刑になる夢を見たという方、重圧に押しつぶされそうになったという方など、予想以上に心理的負担が大きいのだなと思った。審理期間も長いし、終わった後の負担が大きい。カウンセリングにしても、電話で話を聞くだけでは足りないのではないだろうか。

　死刑事件については、裁判官裁判との違いが大きい。裁判官裁判の時代には、審理も判決も決して短期間で行うことはなかった。私が東京地裁で死刑事件を担当したときも、判決言渡しは審理終結から半年後のことだった。事実にしても量刑にしても、じっくりと徹底的に調べて判決を言い渡すという感じだった。もちろん裁判官にとっても死刑事件の心理的負担は大きい。

　今回のインタビューでも、求刑が無期懲役と聞いてとりあえず安心した、というご感想があったが、大いに共感できる。私は、先ほど紹介した死刑事件の主任裁判官だったが、結審後、判決言渡しまでの間に、ヘルペスになった。現在のように、初めて重大事件を担当する裁判員が、短期集中的に審理も評議も行うというかたちでは、精神的な負担はますます大きくなるだろう。もっと精神的ケアを積極的にするべきではないかと思う。

　例えば、審理終了後のカウンセリングは当然のことだが、さらに月に1度くらい継続的にとにかく話を聞く機会を設ける、審理中でも裁判員が希望するならカウンセリングを受ける機会を設けるなどのやり方があってもいいと思う。

　実際、死刑事件に限らず、裁判員の方の中には精神的な負担を抱えて悩んでいる人もいる。そういう方々の中には、その悩みを表面に出されない方もいる。私の経験でも、ある日突然、裁判員から「裁判長、個別に相談があります」と持ちかけられ、「最近、鬱気味ですが、このまま続けてよいでしょ

か」と言われたことがあった。そのときは「もう少しやってみてはどうでしょうか、でもギブアップのときには言ってください。補充裁判員はそのためにいるのですから」と助言した。それほど重大な事件ではなかったが、目に見えない負担があると思う。裁判官としても配慮しているつもりだけれども、まだまだ行き届かない点もあるだろう。

## 裁判員が参加しやすい環境をつくるために

　今回のインタビューからは、裁判員に選任されるにあたっての職場や家族との関係については、多くの方が職場の理解があったようだ。ただ、裁判員を務める社員を有給扱いにするかどうかについて、「罰則がないから法律に従わなくてよい」などとして、欠勤扱いにされた事例があったのはショックだった。中小企業が大変だというのは分かるが、そこまで言われるのかと驚いた。個人情報保護の観点から、裁判官から裁判員に対して積極的にご職業を聞くことはないので、現役当時は、そうした事情については聞く機会がなかった。裁判員制度が始まる前に、裁判官たちが分担して各企業を訪問し、裁判員制度休暇をつくってくれるよう、有休としてくれるようお願いして廻ったことがあった。ある程度ご理解頂いているという認識だったが、まだまだ甘かったなと思う。環境整備は今もなお現在進行形の問題であることを裁判所は改めて認識する必要があるのではないか。

　また、裁判員の任務終了後に、職場や家族が誰もそのことに触れないという人が多かったのは、改めてそういうものなのかと印象に残った部分だ。守秘義務の曖昧さが自己規制に繋がっている。説明自体が不十分だな、明解なかたちで示さないといけないと思った。

　私は、担当した2件目の裁判員裁判において、裁判員の方からのご提案で、2週間後、みんなで慰労会をやろうということなり、楽しみにしていたのだが、上からストップがかかり、やむなく裁判員の方々に電話をかけまくって中止せざるを得なくなったということがあった。今でも、やはりやりたかったなと心残りがある。その事件では、保護観察を言い渡したのだが、裁判員の方々が皆被告人の更生を強く願っていて、できれば保護観察の実施状況を知りたいと希望しておられたので、その後、私が、退官前に、保護観察所に問い合わせて被告人の更生状況を確認した上、裁判員一人ひとりに手紙を書いて、その後被告人はきちんと更生していますよとお知らせした。

　その後、状況は大きく変化し、最高裁も、裁判終了後、裁判員どうしがお

互いに連絡をとることを積極的に許容するようになったが、これに裁判官が加わることも許されているのだろうか。また、そのような事例はあるのだろうか。裁判官が加わっても、裁判員からいろいろ学べることが多いし、そのことで裁判官の中立性が損なわれるわけではないと思う。もっとそういう機会があっていいのではないだろうか。

　私は、参審制度の研究調査で3か月間イタリアに出張したときに、フィレンツェの重罪院で、判決言渡しの日に、裁判官と参審員（イタリアは、裁判官2人と参審員6人の参審制）が、それぞれワインや家庭料理を持ち寄り、判決後に評議室で一杯やるという話を聞いて大変感銘を受けた。日本でそのようなことが実現する日は来るのだろうか。

　（以上は、2013年9月6日のインタビュー原稿にご本人から手を入れて頂いたものである。）

# 専門家に聴く

## 宮村啓太さん

弁護士。2002年に弁護士登録（第二東京弁護士会）。現在は日本弁護士連合会の「裁判員本部」事務局次長。著書に『事例に学ぶ刑事弁護入門』（民事法研究会、2012年）などがある。

## 弁護人への厳しい評価を受けて

　弁護人に対する厳しい意見が多いな、というのが通読しての第一印象だが、これらについては、真摯に受け止めなければならない。

　従前から最高裁が公表している裁判員に対するアンケートで「分かりにくい」という結果は、私たち弁護士も目にして来たけれども、裁判員の方の生の言葉で、どの段階のどういう訴訟行為について分かりにくかったか、具体的な指摘を受けると改めて反省しなければならないなと思う。

　「弁護人は……努力と根性に欠けている感じがしました」という非常に手厳しいお言葉も頂いた。抽象的なご指摘のように捉えられるかもしれないが、全般的に準備不足が見受けられたということだと受け取っている。誤字脱字のあるような資料を配布されたなどというご指摘もあったが、検察官についてはそのような指摘がなかったことと比べると、弁護活動の特質云々の問題だけで済ませるのではなくて、純粋に準備がきちんとされていたのかどうか、振り返る必要があると思っている。

　具体的には、まず冒頭陳述が分かりにくいという点だ。例えば、「眠かった」、「余白のないぎっしりと書かれた」ものを配布されたというご指摘もあった。裁判員の方は、ある程度裁判が進んで慣れてくると、多少分かりにくい訴訟活動でも斟酌してくれるようになるかもしれない。でも、最初のまだ慣れていない、裁判員として選ばれたばかりで緊張や動揺があるときの冒頭陳述の段階というのは、一番準備の差が表に出やすいだろう。

　だからこそ何を言うのか、全体の情報量をどれくらいにするのか、まだ緊張されていて、慣れていない方々にどういうツールで説明するのか、について吟味・検討が必要だ。

　全般的に検察官の冒頭陳述が分かりやすかったと皆さんおっしゃっていた。検察官は、おそらくペーパーの作成には力を入れているのだろう。最初か

ら分厚いものを出しても全部理解してもらうのは難しいので、分かりやすい1枚程度のペーパーをまず渡して、それを理解してもらいながら、少しずつ染み込んでもらうように、と考えているのかもしれない。もちろん、冒頭陳述でそういうやり方が妥当なのか、という議論はあると思うが、少なくともいきなり多くの情報を伝えようとしても理解するのは難しいのではないだろうか。弁護人の冒頭陳述ももう少し検討が必要なのかなと改めて思った次第だ。

　それから、尋問についても、聞き取りにくい、分かりにくいというご指摘があった。「分かりにくい」というのは、事件の特質にもよるので、そこはなかなか検証しづらいが、「聞き取りにくい」というのは技術の問題なので、法廷技術研修をやってきているが、もっとやらなければいけないなと思っている。この点についても、検察官については、分からなかったという指摘がないので、技術の鍛錬に差があることを反省せざるを得ないと思う。

　もちろん、そもそも弁護の難しさ、弁護活動の特質ということはあると思う。例えば、検察官との情報格差、刑事裁判特有の構造の違い、検察官立証に疑いを差し挟ませることの困難など。しかし、それらを差し引いても、今回のご指摘は、技術面についてのご指摘が多かった。弁護の特質だけで済ませてはいけないだろうなと思っている。弁護人の人柄が伝わる必要はないが、結果としてプロとしてきちんとした仕事をしているということは伝わるような活動でなければならない、と思っている。

　もちろん何が分かりやすいのかは、難しい問題だ。情報量を減らせばよいというわけではないし、事案によっては、長い弁論をしなければならないこともあるし、不正確な要約や言い換えはしてはいけない。必要な事実や証拠をそぎ落として分かりやすいというのは筋が違う。要は論旨が一貫していて、技術を持ってやるということになるだろう。

　全般通じて、今回の厳しいご指摘を読むと、改めて、何を主張するのか、どのような技術をもって主張するのか、ということを弁護士全体として反省しなければならないという材料を提供して頂いたと思っている。

## 視点の多様さを入れることの意味

　裁判員の方々は、いろいろなところを見ておられるな、と感心した。「視点の多様さ」というのは、これまでもスローガン的に言われてきたが、今回のインタビューから具体的にこういうところに注目されたのか、という事例

に触れることができたのも興味深かった。例えば、共犯事件における主従関係を居酒屋のオーダーから分析したとか、取調べの録画映像について（供述調書への署名押印後）指を拭うためのティッシュを受け取る際の仕草に注目されたという方がおられた。それから証拠調べ時の被告人の態度に注目されている方もおられた。

　これらの点については、裁判官も見ていたかもしれないが、インタビューの中でもご指摘があったように、日常的に仕事としてやっているからパターン化してしまうのではないか、というおそれはある。日常的にやっている仕事だと「こことここを見れば分かる」という慣れが出てくる、効率化されてくる。どうしてもプロだけだと抜けてしまう部分が残るのではないだろうか。

　従来の裁判官の事実認定論で言われてきたポイントが重要であることは変わらない。しかし、裁判員がどこに注目しているか、そこはパターン化できないからこそ意味がある。事案によっていろんなところが重要になってくるということなのだと思う。裁判員裁判では、多様な点に気がつく目が増えるというのは、こういうところにこそ意義があるのだな、と具体的に知ることができた。

　ただし、弁護人としては、隅から隅まで気をつけないといけないなと思った。反面、いろんなところにチャンスがあるということも言える。裁判官だったらポイントから外されてしまうところでも、説得的な議論であれば、響いてくるところがあるだろうとも思う。

## 法曹三者全体で留意すべきこと

　全体を通じて残念だったと思ったのは、補充質問で「素人が何を言うのだ」という態度をとられた、というご指摘だった。これは、法曹三者ではなく、専門家証人の態度に問題があったという話ではあるが、法曹三者もそういう態度をとっていないか、注意しなければならない。

　自分たちが「これとこれが重要だ」と思っているような場合、それ以外のポイントを指摘されたときに聴く耳を持たない、という態度では、市民の多様な知識・経験を反映させる裁判員制度の意味がなくなってしまう。「そのポイントが重要ではない」と思うならば、ちゃんと議論して、その結果どう判断されるか、というようにやらなければならない。これは、裁判員のためというよりも、裁判員制度と被告人のためにならないということだ。

　それから、刑事裁判の原則の説明を受けた記憶がないという声があった。

最初の選任手続段階の説明だけでは無理ないかなと思う。緊張して、「あぁ選ばれた！」と動揺しているときだから。

　宣誓手続の前に、まず弁当のオーダーという記憶をされている方がいらっしゃった。あれはあり得ないと思うが、選ばれた直後には本当に動揺、混乱してしまっていた証拠として重要なコメントだと思う。刑事裁判の原則の説明は、宣誓手続時の裁判官による説明1回だけではだめだと思う。このときは、法曹三者も緊張している、固い雰囲気の中で説明される。用意した原稿をただ読み上げるだけのこともある。それでは頭に入らないだろう。ある程度、お互いに慣れて、関係性ができた後に説明する、キャッチボールしながら、というやり方でないと頭に入ってこないだろう。

　とはいえ、弁護人としては、裁判所にさらに丁寧な説明を求めるだけではなく、冒頭陳述や最終弁論の機会に、講義調にならない限度で、ある程度の説明をして、記憶を喚起することが必要だろう。

　今回のインタビューの中で、「55条移送」についてまったく知らなかったというコメントもあったが、これも必要な事案であれば、弁護人が主張の中で出すべきだと思う。裁判所に対してばかり説明しろと言うのではなく、当事者が裁判員に理解してもらいたいことについては、きちんと説明するべきだ。ただし、事件にヒットしないような原則や法概念を説明しても意味がないので、どの事件で、どういうことを、どれくらいのボリュームで説明するか、これも弁護人はきちんと考えないといけない。

　なお、弁護士会の法廷技術研修では、この点についても重きを置いてきた。例えば、最終弁論での立証責任の説明の仕方について、裁判長の説明と同じフレーズを使うほうがいいんじゃないか、裁判員と裁判官が対等なのだということをどう説明するか、などについて議論はしている。

　模擬裁判のときに、立証責任の説明を長々とやるような最終弁論も見られたが、事件のポイントがぼやけてしまう。また、弁護人独特のフレーズを使おうとすると、不正確である場合に異議が出てそこで弁論がストップしてしまうということもあった。だから、どこでどういう説明をするかは注意しなければならない。ほどほどのボリュームで、しかも異議が出ないような弁論だ。それから、1回聞いたことがあるフレーズ、つまりは裁判長が選任手続のときに使ったフレーズを用いるということも有効だ。

## 裁判員と裁判官の情報格差

　被告人と共犯者がどこで出会ったのか分からないと聞いたら、「裁判官から明日になれば分かると言われて、公判前整理手続で知っていたんだなと思った」というコメントもあった。こういうご指摘は従来からよく聞く点だ。
　公判前整理手続と公判で、担当裁判官を分けるべきだという意見もあるが、他方、裁判官が同じであることのメリットもあるので難しい点だ。しかし、裁判員が「情報が平等ではない」と感じるということは議論に影響するなと思った。
　さらに言えば、裁判官裁判でも問題になっていることとして、裁判官が、同じ事件の共犯者の裁判をすでに担当しているということがある。公判前整理手続で情報を得ているだけではなく、被告人や証人から事件についての話をすでに聞いたことがあるという場合には、裁判員が、さらに情報格差が大きく、情報量が平等ではないと感じるということが起きる。こういうときには、共犯とは言え、別の手続であるし、裁判官はプロなので、きちんと心証は分けることができるという説明をされている。
　しかし、問題は、裁判員の目から見てどうなのかということだ。対等な立場で議論しようとしている裁判員が、裁判官は自分よりも情報をたくさん知っているんだ、情報が平等ではないなと思ったときに、対等な議論の障害になるのではないか。裁判官が予断を持っているかどうかということではなく、裁判員の目から見て対等な議論をしようというときに障害になるのではないか、という懸念だ。情報格差の問題は、裁判員の目から見た論点としてもっととりあげるべきだと思った。
　なお、インタビューでも複数の方がコメントされていた遺体写真を見ることについて。裁判員にとって余分な負担は避けるべきだが、必要な負担は負ってもらわないといけないと考えている。遺体写真について、今までは、関連性を吟味せずにとりあえず証拠とされていたことが問題だったと思う。弁護人がきちんとチェックすべきで、必要な場合には関連性がないという意見を言うべきだ。でも、殺意の立証の関係でどうしても傷の角度が問題になる、どうしても見て頂かないといけないということもある。そういう場合に、裁判員の負担を優先して、裁判官だけで見ましょうとか、本来は必要だけれども証拠にするのを止めましょうというのはいけないだろう。

## 被告人は「普通の人」という視座

　刑事裁判や被告人を身近に感じるようになった、被害者の立場で考えがちだったのが被告人の立場も考えるようになった、というコメントは、弁護士として印象深かった。

　これは、非常に嬉しいコメントだった。自分が弁護活動をしていて、よく「刑事裁判を受ける人とはどんな人か」と聞かれることがある。私は「普通の人ですよ」、「普通の人がある日突然捕まって刑事裁判を受けるんですよ」という話をするが、メディアを通じて見ているとなかなかそうは思ってもらえないのではないだろうか。

　でも、今回のインタビューの中で、裁判員経験者の方たちの多くが、第一印象で普通の人だと思っている。今後、取調べの可視化などの刑事司法の改革をめぐる議論についても、自分とは関係ない話ではなく、自分や周囲の人が刑事裁判を受けることになるかもしれない、そのときの自分たちの自由を守るための仕組みをどうつくるかという問題なのだと思ってもらえるきっかけになるのではないかと期待している。そういう意味でも、裁判員制度は意義深いなと思った。

　　（以上は、2013年9月4日のインタビュー原稿にご本人から手を入れて頂いたものである。）

# 専門家に聴く

## ダニエル・H・フットさん

東京大学大学院法学政治学研究科教授。専門は、法社会学。ハーバード・ロースクールを卒業後、連邦地方裁判所および最高裁判所（バーガー長官）のロー・クラーク（日本でいう最高裁判所の調査官）、日産自動車法規部、弁護士、ワシントン大学ロースクール冠教授などを経て現職。著書に、『名もない顔もない司法──日本の裁判は変わるのか』（NTT出版、2007年）などがある。

## 守秘義務のある日本とない米国

　裁判員を終えて職場や家庭に戻ると、周りの人たちが、一切そのことに触れないというところが興味深かった。守秘義務があるので、話すのはまったくダメだということで聞かないのか、関心がないから聞かないのだろうか。
　そんな中で、その後「ママ友サークル」で裁判員経験について話したという方がいた。これはとても大切なことだし、歓迎すべきことだと思う。一般的に裁判というのは固いイメージあるいは漠然としたイメージを持たれていて、それはかなり実際とは違う。だから、より具体的なイメージを示していくことが大切だと思う。
　米国では、守秘義務規定はないので、話したければ自由に話せる。私が、地方裁判所でロー・クラークをしていたときには、裁判が終わった時点で、裁判官が、陪審員に対して、守秘義務はないので、話すのは自由だが、マスメディアのインタビューは、是非断ってくださいとアドバイスをしていた。というのは、誰かが話すと他の人がプレッシャーを感じる。評議について具体的な話が出てくると他の事件で、後から何を言われるか分からないので、逆に評議の場で自由に話せなくなることもある。評議で自由に話し合える環境を保つために、評議の秘密を保つべきだとも考えている。

## 選ばれる人、選ばれない人

　日本の裁判員は候補者登録通知と選任手続の通知と2回、米国では通知は1回だけだが、通知を受けたときの市民の方の反応は両国ともに似ているという印象だ。米国の陪審制度は、歴史も長く、米国民の義務であるという認識は人々にあるが、「時間がかかる、面倒くさい」ということで、やりた

くないという人は多い。ただ、選任手続の通知を受けて、辞退する人は日本より少ないと思われる。ジョン・ギャスティル(John Gastil)教授らの著書『陪審と民主主義』(The Jury and Democracy: How Jury Deliberation Promotes Civic Engagement and Political Participation, Oxford University Press, 2010)によると8割の人が手続には出向くという。つまり、米国では、通知が来たときの市民の反応は、日本と似ているが、陪審制度は義務であり伝統であるという認識が定着しているので、参加する割合は高いのだろう。

　さらに、職場や家族の協力も大きい。今回のインタビューでも、会社が有給休暇の扱いにしてくれなかったという方がいた。米国でも、すべての会社が有給休暇扱いではなく、会社による。会社の理解がなければ、勤め人など自由がきかない仕事の人は、それを辞退の理由にするだろうし、実際、辞退が認められていた。そのため、1960～70年代の米国では、陪審員は退職した人か若い人が中心になってしまったという問題が指摘されるようになった。そこで、現在はある程度、辞退を認める基準を厳しくしている(長期間にわたる裁判の場合には、勤め人に対して辞退を認める傾向にはあるが)。

　そのような背景から、米国でも以前は、弁護士等の法律家は陪審員にはなれなかったが、1970年代以降は、法律家でも陪審員になれるようになった。実は、私もワシントン州から陪審員選任手続への呼出し状が届いたことがあった。結局外されることになっただろうが、是非参加したかった。東京で学会があり報告をしなければならなかったので参加は叶わなかったが……。

　選任手続での選任方法も、日本と米国では大きく異なる。今回コメントをされた方々には、国家資格や高い専門性を持っているような方もおられるが、米国ならば、まちがいなく忌避される人だろうと思う。先述の『陪審と民主主義』によれば、教育水準の高い、修士号以上をとっているような人、また、積極的に参加したい、陪審員になりたいという意思表示をする場合には、検察官から忌避される確率が高い、とされている。なぜならば、評議で他の人をリードしてしまうかもしれないし、裁判所や検察庁といった国家機関に対する懐疑的な態度を持っていると考えられるからだということだ。

　また、今回のコメントの中で、本当に無作為抽出で選任されているのか、目に見える形にすべきではないかというものがあったが、これも日本独自の問題だろう。米国では、検察官や弁護人が直接、候補者に対して質問をして、その場でどんどん忌避していく。米国のテレビ局CBSが制作した陪審員のドキュメンタリー番組では、最終的に陪審員になる人は、「残り物」

(leftovers)だという表現が使われていたが、言い当てているだろう。

## 陪審員への情報統制

　米国では、選任手続前に、報道を通じて事件についてフォローしている候補者は、忌避の理由となる。そして、まれであるが、報道による影響を避けるために、O.J.シンプソン事件のようにマスメディアが派手に取り上げるセンセーショナルな事件において、公判が始まると陪審員たちは、ホテルに缶詰めとなることさえある。ホテルでは、テレビも映画などの娯楽番組しか見ることはできない。報道番組は見ることはできない。新聞も関連する記事は切り取られる。家族へ電話するときに情報が流れるのではという心配までされている。徹底して、法廷に入ってきた証拠のみを元に判断するということをやっているのだ。

　また、コメントの中に、インターネット検索で事件のことを調べた裁判員が合議体にいて、同じ裁判官が共犯者の事件を担当していたことを知ったというものがあった。このような検索は、本来は、裁判官が黙認するはずはないことだが。

　米国では、裁判のあいだにスマートフォンで事件の報道や情報が検索できてしまうことが、最近、議論になっている。スマートフォンを取り上げるべきだというような意見も出てきている。

　日本のある裁判官は、書記官に対して、自分が担当する事件についての報道を、すべて集めるよう指示していたということを聞いたことがある。そうであれば、裁判員事件に関する報道を収集するということもあるかもしれない。今回のコメントを読むと、確かに多くの裁判員自身が注意して報道に触れないようにしている。ただ、裁判所からは報道に触れてはいけないという注意がないところは米国との大きな違いだろう。意識しなくても影響を受けてしまうこともあるので注意が必要だ。裁判官でも影響を受けるのは同じではないだろうか。

## 公判中の裁判員と陪審員の違い

　公判中について、米国と明らかに違うのは、裁判員がメモをとること。米国の伝統的な考え方では、公判中はメモをとってはいけないということになっている。メモをとっていると、証人や被告人の証言をちゃんと聞けない。表情、ニュアンス、さらに身体が震えていたかどうかなど一瞬の動きを見逃

してしまうことになりかねない。

　ただし、最近は、州によっては、実験的にメモを認めている例もある。特に長時間にわたる裁判では、何があったかを思い出すことは大変だという理由だ。そこで、この点は、日本の裁判員の経験が米国にとって参考になるかもしれない。

　さらに、裁判員による質問だが、ここにも両国の制度の違いがある。米国では、徹底した当事者主義で、弁護人と検察官からの質問のみで、裁判官が質問することはない。そして陪審員は、自由に質問はできない。そもそも声を出してはいけないことになっている。質問の趣旨が分からない、または異議が出た場合には、裁判官が検察官と弁護人を自分の近くに呼び寄せて、質問について立証することとの関連性があるかないか確かめる際、たまにヒントを与えたりすることがある。遺体写真などのセンセーショナルな写真を陪審員に見せる場合には、その見せる必要性について意見を述べて、拒否することもある。陪審員が聞こえるところでやりとりすると、偏見を持たせるかもしれないので、呼び寄せて行うのだ。場合によっては、休廷し、裁判官室で相談をすることもある。

　また、米国では、被告人が起訴事実を否認している事件が裁判の大半になるので、被告人が黙秘権を主張している。だから、いっさい被告人に質問してはいけない。そこも大きく違うだろう。

　日本の裁判員の方々は、被告人や証人に質問をすることができる。だから、何を聞きたいのか、かなり真剣に考えているという印象だ。質問しなければいけない、そう期待されているという雰囲気があるのかもしれない。ここに、米国との興味深い違いがある。米国でも最近は、陪審員に質問を認めてもよいのではないか、という議論もあるので、裁判員の経験が生きるかもしれない。

## 弁護人は不利だが…

　今回のコメントは、全般的に、「裁判官と検察官は分かりやすい、だが、弁護人はそれほど分かりやすくない」という構図だったと思う。

　これは、場合によっては、致し方ない。弁護人の役割は、検察官の主張について、合理的な疑いがあることを証明することだから、わざと分かりにくくしていることもある。また、証拠開示が拡充されてきた現在でも、情報格差がまだある。

ただ、弁護人は、今回のコメントを参考にすべき点もあるように思う。従来どおり、冒頭陳述の書面を詳細に書き連ねて、ただ読み上げるというものもあった。用語が分からない、声が小さい、というものも。そのような実務は、改めるべきだと思う。

　なぜ、弁護人がこの質問をしているか理由が分からない、というコメントもあった。ある証人に対する質問は、その時点で趣旨が明確ではなくても、その後の別の証人の証言でようやく関連性が見えてくることがある。そしてそのような場合に、後の証人の証言が期待していた内容と違うために、前の質問とつじつまが合わないような場合はやむを得ないこともある。しかし、趣旨の分からない質問は最少限にすべきであろう。また、当初は趣旨が明確でなかった場合、最終弁論でその関連性を示すべきであろう。

## 量刑判断する日本特有の問題

　量刑の問題も米国とは随分異なる。量刑の判断で陪審員が関与するのは、死刑事件のみで、それ以外は裁判官が決めるのが基本である。

　米国では、死刑については、陪審員が量刑判断をする。その場合には、日本と同様の問題が生じる。ある調査によれば、陪審員がストレスと感じているのは、ずばぬけて死刑判断だ。

　日本では、裁判員がすべての量刑に関わるが、何が正しいかは難しい。量刑相場もある意味では重要であると思うが、なぜそれが相場なのか、妥当なのか、量刑検索システムの結果を示すだけでは足りないと思う。

　今回のコメントでは、裁判員たちは、検索システムの結果だけで、量刑を決定しているのではない、ということを聞いて安心した。裁判員制度の導入の趣旨は市民感覚の反映だったのだから、自分としての意見が大切という見方はそのとおりだと思う。

　また、裁判員裁判になって、更生という視点により重きが置かれていることが言われている。本書の裁判員の方々は、被告人の更生を重んじる人たちが比較的多かったのかもしれない。

　私自身は、もともと日本の伝統的な刑事司法が、社会復帰、更生を重んじているということを書いてきたが、昨今は厳罰化の傾向が見られるとして、日本の伝統について心配してきた。だが、今回のコメントの中で、刑が終わってから、立派な人になって欲しい、更生の機会になることを期待したいというコメントを見る限り、日本の伝統的な精神は消えていないと思った。

ただし、評議の場において、具体的にどこまで重視されたのかは知りたいところだ。

## 裁判員研究の展望

　裁判員について研究を進める上で、最高裁判所による裁判員アンケートの結果は重要な素材である。ただ、裁判員の任務を終えた直後のアンケートのみ、かつ数値結果に限られる。具体的に、なぜそういう結果になったのかが、最高裁の調査だけでは出てこなかった。本書については、限られた裁判員に対するインタビューとは言え、裁判員を終えて時間が経ってからの感想であり、また最高裁の調査とは違う視点からの内容となっている。最高裁の数値の裏付けとなるような内容もあるし、より具体的な内容も示されており、裁判員制度について研究する私たちにとっても貴重な資料であると思う。

　さらに、裁判員経験後の変化については、今回のコメントを読んで、先の『陪審と民主主義』にまとめられているのと同様の調査が日本の裁判員についてもできないか、という期待を持っている。この調査では、ニュースへのアクセス、投票率などがどう変わったかを調査しているが、長時間にわたる評議、複雑な事件などに参加した人がそうした社会的な活動に参加するようになったという結果が出ている。早々に評決に至ったような人の場合には、深いインパクトはなく、他方、活発な議論になった事件ではインパクトが大きいという結果が出ている。

　日本においては、米国と違って、証人・被告人への質問ができるので、それが積極的参加と言えるかもしれない。また、裁判官と一緒に議論していることの影響、権力を持つとされる人と対等な議論をしたことが、その後の自信につながり、社会的に意味のある参加につながるということも考えられるかもしれない。

　また、日本特有のこととして、補充裁判員が評議に参加できることにも関心がある。米国では、評議が始まると、補充は参加できないのが基本なので。評議への参加自体が、市民の方たちに与えるインパクトは大きいと思う。

　あとは、実際にそういう調査ができるかどうか、ということが問題だろう。

　なお、日本も米国もどうしても裁判員や陪審員についての調査は、数量的な調査が多い。先の『陪審と民主主義』の著者ギャスティル先生たちは、部分的にインタビュー調査も取り入れて、数量的なものと質的なものと両方のアプローチをしているのが画期的と言える。

その質問の中には、評議室が無味乾燥な部屋か居心地の良い部屋かで異なることがあるか、陪審員がどれだけ大事にされていたか、最後に裁判官からお礼の言葉があったかどうかということも、項目に含まれている。今回のインタビューで言えば、車いすの裁判員の方のエピソードはそういう意味で重要だ。

　ちなみに、私が米国で、ロー・クラークだった頃、陪審員はもちろんのこと、傍聴人も大事にするよう配慮されていた。裁判を見にきてくれることが、市民の教育の一環として重要であるとして、裁判官は意識していた。米国では、最高裁判所を含めて、裁判所の中に博物館を設けることがある。ロー・クラークだった間に、最高裁のウォーレン・バーガー(Warren Burger)長官(当時)自身が、たまに観光客を博物館に案内することがあった。同長官の指示で小学生用の教材も作成された。

　裁判員裁判の経験が、法教育という観点でどう生かされるかという観点も興味深いように思う。

　（以上は、2013年9月10日のインタビュー原稿にご本人から手を入れて頂いたものである。）

# 専門家に聴く

## 飯 考行さん

弘前大学人文学部准教授。専門は、裁判法・法社会学。2000年から、日本弁護士連合会司法改革実現本部室嘱託、同司法改革調査室研究員を経て、2007年から現職。最近の著作に「弁護士過疎地の市民事件における依頼者・弁護士関係と弁護士倫理」法社会学70号（2009年）114-128頁などがある。

## 市民不在の裁判員裁判

　裁判員制度は、2009年の実施以降、時を重ねつつある。当初の想定より少ないものの、年間1,500件弱の重罪事件の事実認定、法令の適用、刑の量定を、市民が裁判員として裁判官とともに判断している。事件1件あたり裁判員6名、補充裁判員2名ほどが従事して、毎年1万人以上の国民が裁判員・補充裁判員を経験し、その人数は増加し続けている。

　2013年初頭の最高裁判所の調査によれば、市民の裁判員就任意向は高いとは言えない（15％程度）一方、裁判員経験者からは「非常によい・よい経験と感じた」という声が多く聞かれる（同調査で95％程度）。しかし、裁判員経験者の声を聞く機会は限られている。裁判終了後の記者会見と、各地の裁判所で裁判員経験者を招いて時折開催される意見交換会はあるにせよ、同席できるのは記者と一部の実務法律家に限られ、しかもニュース価値が落ちてきたためか報道は減少しつつある。その結果、裁判員を経験する市民は増えているのに裁判員の経験に触れる機会はほとんどないという逆説的な状況に陥っている。

　それゆえ、市民は、裁判員を務める前に、裁判所から送付される訴訟手続のガイダンスDVDのほかに、どのような服装で赴いたらよいのか、昼食はどうするのか、疲れるのかなど、裁判員の職務に伴う素朴な、しかし重要な事柄について、ほとんど知ることができない。また、裁判員を経験した後は、担当した事件の被告人が上訴したのか、被告人は反省し更生したのか、被害者の体調や気持ちは改善したのか、一緒に裁判員を務めた人たちはどのような気持ちを抱いているのかといった関心は、ほとんど対応されることがない。

　すなわち、市民は、いきなり裁判員に選ばれて、事前情報が十分にないまま、数日間、事件により数週間にわたり、公判に参加して、職務を務めた後

は、裁判所から放り出されたかのように、日常生活に逆戻りする。加えて、裁判員としての経験を市民に語る場や、裁判員経験者同士で集まる場もなく、裁判員としての経験を胸に秘めたまま一生を送ることになる。それゆえ、裁判員裁判は、その円滑な運営をもっぱら重視する裁判所とメディアの視点を中心に運営され、いわば市民不在のままに進められているのが現状である。

　裁判員の職務に関する事前情報のなさと、裁判員経験者の行き場のなさに対応するために、裁判員ネット（東京）、裁判員ACT（大阪）、市民の裁判員制度めざす会（名古屋）、裁判員経験者ネットワークや、田口真義氏の事実上主宰するLay Judge Community Clubが発足し、裁判員裁判に関する公開フォーラム、裁判員裁判の傍聴と模擬評議、裁判員経験者の座談会などを実施し、改善提言の検討と公表などを行っている。こうした市民団体の活動は、市民が裁判員を務める事前事後の情報の少なさを埋める上で貴重にしろ、活動地域や資金などの点で限界があり、いまだ十分とは言い難い。

## 本書の意義──市民の視点への注目

　本書は、自ら裁判員経験者の田口氏による裁判員経験者へのインタビュー12本と対談1本からなる。一読して感じるのは、裁判員経験者同士の打ち解けた雰囲気の中で、リラックスして自らの経験が語られていることである。あたかも経験者座談会に参加した田口氏の頭の中が誌上で再現されているかのようで、裁判員を経験する前の市民に裁判員の職務内容や感じ方を含む実情を伝え、裁判員を経験した後の市民に自らの経験を省みて他者の経験と比較して整理する機会を与える点で、有益な内容になっている。

　ただし、裁判員経験者の職業や担当事件のバランスへの配慮は感じられるものの、あえて記せば、やや偏りがあるかもしれない。一読して、自分の言葉で裁判員経験をしっかり考えて話すことのできる、ある程度裁判員制度に肯定的な見解を持つ人がとり上げられている印象を受ける。実際の裁判員はこのような人たちばかりではあるまい。しかし、裁判員経験者への接触が困難で、公刊に耐える内容にする関係上、やむを得ないであろう。担当事件は、強盗致傷や殺人が多く、保護責任者遺棄致死はあるが、実際には一定割合を占める覚せい剤密輸や放火の事件はない。また、初の裁判員裁判、話題になった事件や死刑判決の裁判の比率が高いように見受けられ、執行猶予判決の事案はない。地域別には、京都と仙台の各1名を除いて、東京を含む関東の裁判所である。以上は、一定の限界と言えようが、裁判員経験者の声を伝

えようとする本書の価値を減ずるものではない。

## 市民の見た裁判員裁判

　本書に登場する裁判員経験者のインタビューと対談からは、市民が刑事裁判の判断する側に選ばれて直面した出来事や感覚が、まざまざと伝わってくる。会社員、医師、教員、福祉関係職、自営業、パート勤務、学生など、様々な立場にある、以前から裁判に関心を持っていた、または持っていなかった人たちが、通知を受けて選任され、刑事裁判といういわば非日常的な営みに参加する。その後の日常生活の中で、人により、被告人の反省や更生、被害者の心中に思いをはせて、裁判員の経験によって変化した自分に気づく。各人の見方を反映した豊饒な内容でまとめきれないが、いくつか気づいた点を記したい。

### 1　犯罪と刑事裁判への距離

　登場する裁判員経験者の中で、学生時代の専攻との関係で犯罪に関心を持ち、また裁判員制度に興味のあった人はいるものの、刑事裁判や犯罪に縁のなかった人が多い。犯罪から距離をおきたいと考えるのはもっともにしろ、日常生活の犯罪と刑事裁判への縁遠さは、裁判員としての判断にも影響をおよぼしうる。普段から、刑務所見学など、日頃から犯罪や更生について知識を備える法教育の機会があるに越したことはないように思われる。

### 2　裁判の原則の説明

　裁判員に選ばれた後、裁判長より、無罪推定、黙秘権、「疑わしきは被告人の利益に」などの裁判原則の説明がなされる。公判に臨む際に被告人を無罪とみなすかどうかは、検察官による冒頭陳述や証拠の説明への見方などに影響しうる。しかし、裁判員経験者の言によれば、無罪推定が念頭にあったという人と、あまり頭に残っていないという人に分かれる。裁判員に選ばれた興奮状態の中でなされた説明の記憶がはっきりしないのは、ある程度やむを得ないであろう。陪審裁判では法廷で無罪推定原則などについて説示がなされるが、裁判員裁判でも公開の場でしっかりと裁判原則の説明がなされることが望ましく、注意喚起はより徹底されるべきである。

　裁判員経験者の発言の中には、裁判官自身、無罪推定原則をしっかりと踏まえているのか疑わしい例もあり、問題と思われる。そもそも、有罪か無罪

かを市民のみで判断する陪審裁判では無罪率が高いことが通例であるところ、裁判員裁判では導入前とほぼ変わらず0.5％程度と極めて低い（2013年6月末までの終局人員累計で、有罪5,332人〔うち死刑20人〕、無罪28人、家裁移送5人）。推測の域を出ないが、仮に裁判官が事実認定の評議に加わらなければ、裁判員裁判の無罪率がより高まる可能性もあろう。検察官の有罪立証に疑わしさが残る場合は無罪判決が下されるのが近代裁判の原則であり、裁判員裁判でもその原則が徹底されなければ、制度実施の意味は乏しい。本書の事例では、起訴された罪名どおりに裁判で認定されなかった例が含まれているが、裁判員の率直な判断が生きた結果であれば、上級審で最大限尊重されるべきであろう。

　また、本書では、評議経過は守秘義務の関係で記されていないが、仮に過半数で有罪判決が出される事例があったとすれば、「疑わしきは罰せず」の見地から問題なしとしない。無罪推定と合理的な疑いを超える証明の原則の見地からは、陪審制度一般のような全員一致制か、3分の2以上の多数などの特別多数決制が目指される余地もある。

## 3　量刑判断

　有罪の場合、裁判員は、担当した事件の個別具体性に留意し、過去の類似事件の量刑データも参照して、刑の量定を判断することになる。本書では、守秘義務の範囲内と思われる限りで、裁判員経験者自身の思いを中心に、量刑判断の難しさが数多く語られている。刑期の長さは、被告人の懲らしめの意味はあるにせよ、その反省や更生にどの程度つながるのか判然としない。裁判官は、刑の効果が十分に分からないまま、過去の判例とのバランスで量刑を決めているに近いと見られるところ、裁判員は、量刑判断に迷いながら事案に応じた全人格的な判断に努めており、量刑の困難さについてあらためて考えさせられる。

　死刑については、判断に関与した裁判員経験者により「人を殺したのか」と知人に言われたという話が語られており、そのような酷な思いを市民にさせないために、裁判員を死刑判断に関与させないことが適当ではなかろうか。諸外国でも、加盟条件に死刑廃止を定めるEUをはじめ、死刑廃止または停止の流れにあり、市民が死刑判断に関わる先進国はアメリカの死刑存置州程度にとどまる。死刑求刑が予想される事件は、裁判員裁判の対象事件から外すなどの工夫が望まれるところである。

## 4　刑事裁判

　裁判員経験者の中には、公判前整理手続に対して懐疑的な意見が見られる。公判前整理手続に裁判員は介在できず、整理内容は一部しか明らかにされない。公判前整理手続の結果、裁判官と裁判員に情報格差が生じ、公判に出されなかった証拠に触れることはできないことの問題性を、裁判員の視点からあらためて気づかされる。

　なお、「真実を知りたい」、黙秘する被告人に対して「やっていないなら、違うということをなぜ言わないのか」との感想、「イエスかノーで答えられる質問」への違和感や、控訴されたことのショックなどが語られている。いずれももっともな感想にしろ、近代刑事裁判は、有罪か無罪かを原則として適正手続にもとづく検察官の立証の度合いで決め、上訴権や尋問方式を含めて、技巧的な性格を有していることが、詳しく説明されるべきであろう。

## 5　実務法律家

　裁判官については、法廷内外の切り替えが早く、頭がよく働いてユーモアもあるなど、おおむね好評である。他方、感情が顔に出ず仕事としてパターン化しているという意見も見られた。検察官の説明の分かりやすさは、おおむね弁護士よりも評価されている。弁護の職責に伴う事情はあろうが、刑事弁護のあり方に一層の研さんを要しよう。

## 6　事件報道への接し方

　裁判員は担当事件の情報入手を禁止されておらず、インターネット等で事件について調べたという経験者もいる。しかし、法廷で示される証拠のみにもとづいて判断する見地を重視すれば、事件報道により先入観を植えつけられる恐れはぬぐえない。法律改正が困難であれば、運用で事件報道への接触禁止を推奨することが得策と思われる。

## 7　裁判員の負担

　裁判員に選ばれて刑事裁判に参加することについて、家庭、職場、学校の理解を得られたかどうかは、人により異なっている。いずれにせよ、周囲の協力がないと、平日に連続して裁判所へ赴くことは困難なことが予想される。疲れたという感想を述べる人のほか、務めを終えた直後に眼底出血した、浪

費したという人もおり、慣れない裁判に真剣に向きあい、集中した結果と思われる。心理的負担が裁判後も続き、2年後に裁判所のサポート窓口を利用した人もいた。裁判員経験者に対する一層の手厚いケアが求められる。

### 8　裁判後の変化

　数人から、裁判員を経験した後に自身に生じた変化が語られている。犯罪報道などに気を留めるようになった、関心を持つようになったという声のほか、裁判員を経験して人生が変わったという人までいる。これらは、裁判員裁判が、刑事裁判への単なる協力という意味を越えて、より根深い意義を帯びるためと考えられる。

　アメリカの研究『陪審と民主主義』によれば(Gastil, John et al., The Jury and Democracy: How Jury Deliberation Promotes Civic Engagement and Political Participation, Oxford University Press, 2010)、陪審制度は、市民が国に召喚されて公的意義ある判決を行う点で、市民社会、政治社会と国の結節点であり、その特有の性質から、陪審員経験はしばしばよく記憶されている。さらに、陪審員同士の評議経験が契機となり、投票行動の積極化、公共的事項への関心の高まり、司法に対する信頼の向上、市民生活への影響などが確認されるという。裁判員経験者にも類似の傾向が見られることが推測され、その本格的な比較検証は今後の研究課題である。

　その他に注目されるのは、自身の裁判員経験が周囲の人から聞かれないという人が散見されることである。守秘義務への配慮はもちろんあるにせよ、市民の裁判員就任意向の低さをあわせて考えると、犯罪と刑事裁判に日本人が近づくことを厭うためであろうか。裁判員経験者の輪がなかなか広がらないことにも関わりうる今後の検討事項である。

## おわりに

　本書は、裁判員経験者のオーラルヒストリーであり、様々な議論を経て実現された裁判員裁判について、数年の運用を経て経験者の声が集められたこと自体、画期的と言える。また、市民の刑事裁判への関わりのありようが明らかにされている点で、市民一般、裁判員経験者のほか、法学研究者や法律関係の実務家にとっても有用な内容となっている。田口氏にとって、本書は、多くの他の裁判員経験者の話を聞き、自身の経験を整理する作業の一環だったかもしれないが、それにとどまらない価値を持っていると言える。

今後、実務法律家には、裁判員経験者を含む市民の言葉に謙虚に耳を傾けて裁判員裁判を運営するとともに、必要な改善を行い、近代法の考え方を分かりやすく説明する努力が求められる。その結果、被告人の自由と権利の保障に最大限留意し、被害者の声に耳を傾ける、法にもとづく全人格的な判断による裁判員裁判が実現することが期待される。さもなければ、市民も被告人も不在の裁判員裁判になる危険をはらんでいる。

　個人的には、本書の裁判員経験者の語りを通じて、「裁判員」の意義の奥深さにあらためて関心を惹かれた。専門の法社会学の見地から、裁判員経験者へのインタビューや海外の陪審、参審制度などとの比較を通じて、裁判員制度の研究を継続していきたい。

　　　　　　　　　　　　　　　（以上は、ご寄稿を頂いたものである。）

# あとがきにかえて

## なぜ今、彼・彼女らの声か

　裁判員は、無作為で選ばれるという前提をとっている。同じ地域に住んでいながら、それまで接点のまるでなかった見ず知らずの他人同士が選ばれ、裁判員という共通の作業に数日間（あるいはもっと長い期間）共に没頭する。合議体にもよるが一人ひとりの背景を細かに自己紹介するところもあれば、お互いを番号で呼び、それ以外の情報はまったく明かさずにその期間を過ごすところもある。私は、後者のほうだった。判決公判を終えたあと、事も無げに解散し、それぞれの日常に戻っていくだけだった。

　裁判員の任務が終わった日、私は帰りの電車の中で週刊誌の中吊り広告をぼんやりと眺めながら、「もうこれで終わりなんだな、明日裁判所に行ってもみんなと会えるわけではないんだな」などと感傷にひたっていた。考えてみたらあれだけの議論をした相手を番号（それも裁判所が割り振った）しか知らなかったことになる。縁あって知り合って、稀有な体験を共有したのに用が済んだら「さようなら」という現実をどうにも消化しきれずに悶々としていた。その思いが原動力となり裁判所に働きかけ、同じ事件の裁判員経験者（以下、経験者）同士が連絡を取り合えるようになった。裁判から約8か月後に同事件裁判員と再会を果たしたときの盃は今でも忘れられない。

　同時に、他の事件の経験者との交流も定期的に行うようになり、2012年の春には交流の中から生まれたみんなの言葉を13項目の提言にまとめ、「裁判員制度と周辺環境における提言書」として全国の裁判員裁判実施裁判所50庁10支部の計60か所に直接届けて廻った（一部抜粋を文末に掲載した）。専門家を交えずに自分たちで議論を積み重ねて作り上げた提言書は素人なりに誇れるものであった。

　約3か月を要した全国行脚は各地の報道記事でその足跡を残している。提言内容の実現を考えれば、立法府などの諸機関に届けるのが有効であることは承知していた。（実際は最高裁判所や最高検察庁、日弁連や衆参両法務委員会などにも届けている）しかし、私はあえて全国の裁判所を直接廻る方法を選んだのである。私たち市民が直に関わるのは現場の裁判所なのだから現場の方たちに知ってほしい、直接聞いて欲しいという目的からだった。

　そしてもう一つ、各地にいるはずの経験者や裁判員になるかもしれない多

くの人々に、事件が起きることも裁判が開かれることもすべて自分たちが住む地域での出来事であり、自分たちと無関係ではないということに気づいてもらいたい、そして各地域での議論のきっかけにして欲しいという思いを込めていた。正直、この全国行脚が終われば私の役割も終わるものだと思っていた。あとは各地の経験者や日々生まれる新たな経験者が、それぞれに抱いた疑問などを提起していけばそれでよいと考えていたからである。実際に各地での取材に対し、「これで自分の役目は果たした」という趣旨の発言をしている。

　ところが、全国を廻りながら薄々感じていたのは、確かに何か言葉を発したい経験者はいる。それなのにそれを語る場が存在しない、語る言葉を持ち合わせていないという現状だった。そうして経験者が沈黙せざるを得ない状況に憂慮して出来上がったのが、経験者同士による交流団体「Lay Judge Community Club ～裁判員経験者によるコミュニティ～」(略称LJCC)である。各地で開く交流会の中で、それぞれの経験を共有することにより言葉を見つけ出し、貴重な経験を自分だけのものにせず広く社会に還元することを目的とした、経験者だけで構成された団体である。本書でのインタビューにご協力頂いた経験者の皆さんはもちろんこのLJCCのメンバーであり、私が裁判員経験から得たかけがえのない仲間たちである。

　こうしてみると、たった一度の裁判員経験から始まった壮大な物語のような気がする。私にとって裁判員という出来事がなければなかった人生だということを考えると感慨深くもあり、他方でやり過ぎの感も否めない。それでも、地域や人同士のつながりが希薄になってきたと言われる現代において、このような新たなコミュニティが生まれることは重要な意味を持つと思う。

　そして、次に取り組んだのが本書である。「はしがき」にて、私は「裁判員の心の機微を記録することができた」と表現した。人の記憶は時間が経てば薄れていく。ときに美化されて上書きされていくこともある。彼・彼女らと交流を続けている中で、事件の種類や軽重を問わず多様な人々の多様な経験は一つとして同じものがないこと、そして時間の移ろいの中で感じ方も変わってきて言葉がまるで生き物のように変化あるいは成熟していることに気づいたときに、この瞬間を記録することは社会的に意義のあることなのではないかと思い至った。この先、裁判員制度が日本の社会に根付いたとき(言い換えると今はまだそう感じてはいない)に、あるいはその過渡期にさしかかったときに、この本が重要な役割を担うときがあるのではないかという信念の

あとがきにかえて

もと、経験者一人ひとりの言葉に耳を傾けた。結果、裁判員の目を通して司法の内側(裁判だけに限らない)から照射した風景を記録することができたと実感した。

## 市民が振るう諸刃の剣

　本書に登場した経験者は、記者会見に出席したり、各種メディア媒体から取材を受けたりしていて、私と出会う前から積極的に発言してきた方もいる。しかし、私自身の経験からも取材時に100の言葉を並べても表現されるのはわずかに5％である。10％も表現されればよいほうである。その点、本書においてはたっぷりと時間をかけ彼・彼女らの言葉を丹念に拾い上げた。それでも万遍なく隅々まで表現できたとは言えない。もちろん守秘義務をめぐる問題もあるし、物理的なスペースも完全に確保することはできなかった。

　私は、今回ご協力いただいた経験者たちの話をLJCCの活動などを通じて、ほとんど聞きつくしたものと思っていた。ところが、彼・彼女らの口もとからこぼれた数々の言葉は私を驚かせることばかりだった。普段の交流では、複数で集まり雑談のように自由に話す、あるいは居酒屋でわいわいと楽しみながら議論している。思えば、一人ひとりと静かな場所で「あらためて」ということは少なかったかもしれない。もしかすると「あらためて」聴く姿勢を持った私自身の変化なのかもしれない。

　法律的なことは専門家の先生方がすでにご指摘してくださっている。私の視点から特筆すべきは、経験者はそれぞれ迷いながらも驚異的な人間力により、迷いの中から答えを見つけ出しているということだろう。ある日突然、非日常の世界に放り込まれ「関係ない」と思っていた出来事について判断を求められる。それも、他人である被告人の人生を左右するような判断である。場合によっては生命に関わることまで踏み込む判断を、躊躇せずに臨める人はおそらく皆無だろう。それは、判断することが職業である裁判官だとしても同じことだと思う。機械的に行うことが可能であるのならば(あるいは許されるのであれば)、そんな逡巡は無用のはずだ。しかし、裁判という作業をロボットに任せるのではなく人がやるということ、被告人や被害者(ご遺族)と同じ地域に住む市民が介入することに意義があるという本質的な気づきが、「量刑検索システムで決まるのなら裁判員はいらない」という言葉に帰結しているのだと思う。

　本書に登場した経験者は、小異はあるがごく一般的な人生観を持ってこれ

まで生きてきた。誰にも似たような体験や感覚を共感できる部分があると思う。そんな彼・彼女らが、戸惑い苦悶しながらも自分と向き合い、最後にはその人なりの答えを見つけ出す。インタビューの中で、その過程に、その心の葛藤に一瞬でも触れることができたとき、私は激しく心を揺さぶられた。そして、当然ながらその反動は、人により濃淡はあるが心身両面に少なからず表れる。それでも彼・彼女らは、あえて迷いの渦に身を投じ、そして乗り越えてきたのだろう。そうして一人ひとりが持ち寄った答えを整理してまとめ上げ、合議体としての判決が導き出される。一人ではなく複数の視点で考えることによって、事件を平面的なものから立体的なものへと昇華する作業は、彼・彼女らのどの話を引いても実に興味深い。その話の向こう側には、必ず一人ひとりの人生があり、それを生きてきた思いがあるのだと感嘆した。私自身の経験を振り返っても、やはり裁判員一人ひとりのそれまで生きてきた過程が違うからこそ、活発な議論になったし、有意義な時間を過ごせたと思っている。

　おそらく、裁判員裁判だからこのような人間模様が表れるのではなく、裁判官裁判においても同様のことなのだろう。ただ、彼・彼女らは多くを語らない。だからこそ、これまで司法の現場には閉塞感がにじみ、硬直した刑事司法などと揶揄されてきたのだろう。そういう意味では、一般市民が参加する裁判員制度は画期的なものだと評価したい。他方で、経験者がこうして語ることで、これまで閉鎖的だった自分たちのあり方を問われることが、裁判所にとってあまり歓迎できないことだとすると、「開かれた裁判所」を題目にするこの制度の運用は司法における「諸刃の剣」なのかもしれない。

　しかし、私はインタビューをしながら感じ始め、そして全員の話を聞き終えたときに、この制度は裁判所のためにあるのではない、私たち市民のために生まれたのだということを確信した。裁判員経験を語る彼・彼女らの司法、犯罪、そして自分自身に対する認識は明らかに変化している。法律家や裁判所もまた変化しているのだろう。だが、それは副産物に過ぎない。あくまで主体は私たち市民なのではないか、ということを確信したのである。そう考えると、司法にとってこの制度は諸刃の剣でもなんでもない。それは裁判員制度に参加する私たち市民に対して存在するものなのだと思う。非日常体験の連続からくる肉体的、精神的な反動はその最たる痛みだと思うし、これだけ身近な出来事を知らずに生きてきたことへの衝撃や自省も痛みなくしては受け止められないだろう。それらを乗り越えて、彼・彼女らが得られた知見

や仲間は、裁判員をやることがなければ得ることのできなかった貴重なものだと思うし、彼・彼女らが直接関わることによって司法にダイナミズムとインパクトをもたらし、法曹界に少なからぬ刺激を与えている。まさに私たち市民にとって、裁判員制度は痛みなくして振るうことのできない諸刃の剣ではないだろうか。

## あらためて大切なこと

　裁判員法（裁判員の参加する刑事裁判に関する法律）附則第9条には、施行3年を経過したときに必要があれば所要の措置を講ずると明記されている。「所要の措置」というお役所言葉が改正を意味しているのかどうかは分からない。しかし、私が着目する点は、裁判員制度が「我が国の司法制度の基盤としての役割を十全に果たすことができるよう」にするという一文である。果たして、今現在の裁判員裁判が司法の基盤というほど大きな駆動力になっているのだろうか。実際の改正論議と呼ばれるものは極めて低調だ。あるいは、任務終了直後に経験者が答えるアンケートに依拠した「概ねうまくいっている」という表層的な解釈が議論の場を支配しているのだろうか。

　もとより、市民が司法参加する制度という成り立ちなのに、専門家のみで議論をして作られたことと、運用をし始めて私たち経験者が存在しているにもかかわらず、見直し論議の場に経験者が呼ばれることも意見を聞かれることもなく再び専門家のみで議論していること、この二重の違和感というか矛盾は、やはり誰かがお話しされた「市民はなめられている」という感覚と同義のことだと思う。裁判所が定期的に開催するようになった意見交換会をもってして、「意見はちゃんと聞いている」というのならば、その会に参加した経験者の「意見交換会」そのものに対する感想を聞けばよいと思う。儀礼化されつつある意見交換会の現状が聞けるだろう。ここでは逐次述べないが、目につくおざなりな対応はそれだけではない。

　「司法の基盤」と呼べるには、早急かつ適切な「所要の措置」が必要ではないかと考える。何が「所要」なのかは、本書でも経験者たちが十分に示唆しているし、他の経験者たちからも意見はあるはずである。まずは虚心に耳を傾けることだろう。

　大局的な見地から私が指摘したいことは2点ある。まず、「誰のための裁判なのか」ということだ。この制度は私たち市民のために生まれたと前述した。ここでいう「私たち市民」というのは、裁判員やその経験者のことだけで

はない。被害者（ご遺族）や被告人、あるいは罪を犯してしまった人などすべてを包括した市民を指す。そうした「私たち市民」のための裁判であることが、「司法の基盤」と成り得る根本的な到達点ではないだろうか。私は裁判員を務めたことにより、誰しも被告人席に座る可能性があるという危機感と、誰しも同じ地域で生活をして支え合う仲間だという意識が萌芽した。

　その前提で、法理論上の当否は分からないが、私はあくまで裁判は被告人のためにあると思う。私自身が裁判員として裁判所や検察官・弁護人から丁重なお客様扱いをされた違和感が発端だが、被告人（あるいは犯罪者）になるかもしれない「私たち市民」には、公正で公平な裁判を受ける権利が憲法に保障されている。つまり、裁判は被告人のためにある。「裁判員に分かりやすく」、「裁判員の負担にならないように」、制度設計時から専門家が口角泡を飛ばすこの2つの論旨は一概に間違いとは言わないが、本質を見誤るべきではないと考える。

　次に、「裁判だけが刑事司法のすべてではない」ということだ。裁判員として市民が司法に参加するのは、裁判の部分のみになる。その前後には、入口である捜査取調べや逮捕・勾留があり、出口には刑務所などの刑事施設への収容があり、さらにその先には、私たちの社会に戻ってくる社会復帰もある。そこに潜む問題や課題点にも裁判と同じくらい目を向ける必要性と責任が私たち市民にはないだろうか。

　私は、自身の裁判員経験から犯罪者を排除するのではなく、同じ社会の一員として受け入れる寛容な社会こそが犯罪の連鎖を断ち切る有効な手段であり、私たち社会が目指すべきあり方だという答えに行き着いた。私事ではあるが、裁判員を務めた後に経営する不動産業の管理アパートで警察沙汰つまり逮捕者が出た。残念ながら裁判で実刑になり、本書脱稿時点で服役している。私は何も縁故のないその方の身元引受人を買って出たことにより、警察留置施設（代用監獄）から拘置所、現在では刑務所へも面会に行っている。面会や差入れなどのいろいろなルールも知ったし、実態も知った（面会者の扱いはぞんざいだ）。それに逮捕時や取調べの様子を生の言葉で聞くこともできた。その声に耳を傾けなければ知ることができない刑事司法の現状を多くの人が知り、考える必要性があると強く感じている。

　誰もが何らかの形で司法に関わる可能性を持っているからこそ、決して他人事ではなく自分たちの事として主体的に考えることが大切なことだと思う。「私たち市民」が変われば司法や社会が変わるということを確信している。そ

のきっかけに裁判員制度があるのであれば、それこそが真骨頂なのだろう。

## おわりに

　今回のインタビューは、法律家や研究者の先生方にもお目通しいただいた。皆さんそれぞれの分野でご活躍されており、多忙を極める中で快くお時間を割いていただいた。

　元大阪地裁判事の杉田宗久先生は、大阪地裁における裁判員裁判1号事件を扱われた。本書を構成するにあたって、裁判員裁判を扱ったことのある元裁判官の視点は必要不可欠なものであった。杉田先生の提唱される「手続二分論」（有罪かどうかの判断と量刑に関する判断を分け、有罪の場合に量刑証拠を採用する運用モデル）は、奇しくも私たち経験者が全国の裁判所に届けた提言書でも言及しており、とても感銘を受けた。

　弁護士である宮村啓太先生は、私が傍聴していた裁判員裁判の法廷で初めてお目にかかった。宮村先生の弁論には全身の毛穴が開くほど強く心を打たれた。私が拘置所に面会に行くと必ずと言っていいほど見かける。被告人との信頼関係を大切にする刑事弁護人のあるべき姿だと敬服する。

　東京大学のダニエル・H・フット先生は、陪審員制度の根付くアメリカからの視点で日本の裁判員制度を研究されている。フット先生とは中国地方弁護士会連合会定期大会のシンポジウムでご一緒したのが出会いだった。親日家のフット先生は、英語力皆無の私に日本人より綺麗な日本語で、アメリカのことや世界の司法制度を教えてくださり、世界の中の日本の裁判員制度を俯瞰する視座を与えていただいた。

　弘前大学の飯考行先生には、法社会学の観点からコメントをいただいた。飯先生とは裁判員経験から間もなくして出会う機会に恵まれ、これまで懇意にして頂いてきた（弘前大学の文化祭には度々足を運んでいる）。その見識の広さから多方面にわたるご指南を頂きいつも感謝している。

　これだけの錚々たる先生方の目に、経験者である彼・彼女らの言葉は、今回のインタビューはどのように映るのだろうか、正直なところお話をうかがうまで不安があった。ところが、全員がお渡ししたインタビュー原稿の隅々まで、それこそ経験者の発言を諳んじられるほど熱心に熟読されていて、その真摯な姿勢にとても感激した。

　先生方には過分なお言葉を頂戴し本当に恐縮しきりだった。心から御礼申し上げたい。そして、今回のインタビューにご協力いただいた13名の裁判

員経験者の皆さんにもあらためて感謝の意を記したい。

　最後に、素人が裁判員に臨むがごとく書籍の刊行などという荒唐無稽な私の戯言に根気よく付き合ってくださり、語彙力の乏しい私を文字どおりご指導いただいた現代人文社の桑山亜也さんがいなければ本書を上梓することはできなかった。彼女の功労に賛辞を捧げたい。

**2013年9月**
**本業（不動産業）の事務所にて**
**田口真義**

# 裁判員制度と周辺環境における提言書（一部抜粋）

　公平で公正な裁判の実現のために、そして新学習指導要領に基づき法教育が子どもたちに施される時代に、すべての国民が司法の現状を直視し、一人ひとりが主体性を持って関わり、正しいこと間違っていることを是々非々で議論し合い、より充実した正義ある社会と司法環境が実現することを願ってやみません。

1. 公判前整理手続は可能な限り裁判員に提示すること
2. 検察は証拠を原則すべて（弁護人に対し）開示すること
3. 希望する裁判員候補者には刑務所見学を実施すること
4. 裁判員等選任手続は原則公開で行うこと
5. 裁判員からの検察官・弁護人に対する質問を可能にすること
6. 証人・被告人に対する再尋問・再質問を可能にすること
7. 期日を超過したとしても評議時間は充実したものにすること
8. 希望する裁判員経験者には上級審の公判期日を知らせること
9. 裁判官も記者会見を開くこと
10. 裁判所主催の裁判員経験者の意見交換会を定例化すること
11. 死刑についての情報公開を徹底すること
12. 被害者等参加制度の運用改善をすること
13. 民事・行政訴訟にも裁判員制度を運用拡大すること

　　　　　　　　　　　　　　　　　　　　　——以上

編著者略歴
## 田口真義（たぐち・まさよし）

1976年生まれ。日本大学短期大学部中退後、配送や港湾労働など十数種の職業を経て、現在は地元の東京都練馬区で不動産業を営む（宅建主任者）。2010年9月に東京地裁で保護責任者遺棄致死他事件の裁判員を担当して後、2012年8月には裁判員経験者同士の交流等を目的とした「Lay Judge Community Club ～裁判員経験者によるコミュニティ～」（略称LJCC）を発足させた。「児童福祉」がライフワークで、子どもの人権擁護を推進し、共に成長することが信念であり、社会福祉法人カリヨン子どもセンター評議員なども務めている。

## 裁判員のあたまの中
### 14人のはじめて物語

2013年11月5日　第1版第1刷発行

| 編 著 者 | 田口真義 |
| --- | --- |
| 発 行 人 | 成澤壽信 |
| 編 集 人 | 桑山亜也 |
| 発 行 所 | 株式会社 現代人文社 |

　　　　　〒160-0004　東京都新宿区四谷2-10 八ッ橋ビル7階
　　　　　Tel 03-5379-0307（代）　Fax 03-5379-5388
　　　　　E-mail henshu@genjin.jp（編集）　hanbai@genjin.jp（販売）
　　　　　Web http://www.genjin.jp
　　　　　郵便振替口座　00130-3-52366

| 発 売 所 | 株式会社 大学図書 |
| --- | --- |
| 印 刷 所 | 株式会社 平河工業社 |
| ブックデザイン | Nakaguro Graph（黒瀬章夫） |

検印省略　Printed in JAPAN
ISBN 978-4-87798-560-8 C3032
©2013 Masayoshi TAGUCHI

本書の一部あるいは全部を無断で複写・転載・翻訳載などをすること、または磁気媒体等に入力することは、法律で認められた場合を除き、著作者および出版者の権利の侵害となりますので、これらの行為をする場合には、あらかじめ小社または編集者宛に承諾を求めてください。